Mensajes Grandes en Historias Pequeñas

Baudelio Curiel

Compre este libro en línea visitando www.trafford.com
o por correo electrónico escribiendo a orders@trafford.com

La gran mayoría de los títulos de Trafford Publishing también
están disponibles en las principales tiendas de libros en línea.

Impreso en Victoria, BC, Canadá.

ISBN: 978-1-4251-1570-8

*Nuestra misión es ofrecer eficientemente el mejor y más exhaustivo servicio de
publicación de libros en el mundo, facilitando el éxito de cada autor. Para conocer
más acerca de cómo publicar su libro a su manera y hacerlo disponible alrededor del
mundo, visítenos en la dirección www.trafford.com*

Trafford rev. 2/23/2010

 www.trafford.com

Para Norteamérica y el mundo entero
llamadas sin cargo: 1 888 232 4444 (USA & Canadá)
teléfono: 812 355 4082

CONTENIDO

Introducción

Hace algunos años mientras navegaba por internet, "tropecé" con una página que contenía historias destinadas a motivar a los visitantes. Algunas de las historias eran reales, otras simplemente compuestas, pero todas llevaban en su esencia un mensaje muy importante para cualquier lector (a). No había duda que cualquier persona que leyera estas historias, disfrutaría al máximo de su lectura, y se enriquecería enormemente con los mensajes implicados.

Bajé algunas de las historias y las compartí con varias personas, su respuesta fue impresionante, todas ellas deseaban leer más historias similares. Querían enriquecerse con los valiosos mensajes que se encontraban en su contenido. Desde entonces me dediqué a buscar y coleccionar las mejores historias de ese tipo. Consulte diferentes fuentes, hasta que recopilé las suficientes para publicar este libro.

Mensajes Grandes En Historias Pequeñas contiene un muy variado surtido de diferentes historias. Estas historias, contienen mensajes que pueden ser aprovechados, una vez que el lector(a) los ponga en práctica. Los mensajes que las historias proveen al lector (a), le ayudarán a adquirir una manera diferente de percibir la vida. Cultivará un sentido más realista de interpretar las adversidades, éxitos, y todas las otras experiencias de las cuales la vida está compuesta.

El contenido de la lectura de estas historias, le dará ideas y le proveerá ayuda para construir una base; sobre la cual le permita edificar un criterio más abierto, realista y atinado, para analizar más constructivamente las experiencias y acontecimientos que suceden en el transcurso de su vida.

Cabe mencionar, que no se logro encontrar los nombres, de muchos de los autores de estas historias. Varias de las historias simplemente fueron narradas. Por Intereses de uniformidad, en la presentación del contenido del libro, se decidió omitir los nombres, de los autores de las historias que en efecto lo proveían.

Acompañado de un extraño personaje

⌒𝓂⌒

A la orilla de un bosque y apartado de la gente, vivía un ermitaño entregado a reflexiones espirituales; pero cuanto más consideraba lo que ocurría en este mundo, menos comprendía el trato de Dios con los hombres, lo cual lo tenía muy perplejo y lo confundía cada vez mas.

Un día meditando en esto, se durmió y tuvo un sueño de lo más extraño y aleccionador. Soñó que debía hacer un largo viaje a través del bosque y se hallaba preocupado acerca de cómo llegar al feliz destino. En esas circunstancias se le acercó un hombre, y le dijo: "Sígueme Andrés, tú solo no hallarías el camino a través del bosque, yo te lo indicaré".

Impresionado por la amabilidad del personaje y la autoridad con la que le hablaba, Andrés se fue con él. Al anochecer llegaron a una casa, cuyo dueño los recibió cordialmente. Les dio una rica cena y les preparo una cómoda cama.

"Este ha sido un día especial, uno de los más felices de mi vida, debemos celebrarlo. Mi enemigo se ha reconciliado conmigo y en prenda de su amistad, me ha regalado esta copa de oro, que guardaré entre mis más preciados tesoros", les dijo el dueño.

A la mañana siguiente, se levantaron temprano para continuar su camino, le agradecieron su atención y le desearon bendición de Dios por su hospitalidad. Pero antes de despedirse, Andrés notó que su compañero tomaba secretamente la copa de oro y se la guardaba entre sus ropas. Quiso reprocharle su ingratitud, pero el extraño le dijo: "Silencio, estos son los caminos de Dios".

Al mediodía llegaron a otra casa, la de un avaro que les negó hasta el agua para beber y los lleno de burlas para alejarlos de su casa. "Pasemos más adelante", le dijo su acompañante. "Pero primero sacudamos el polvo de nuestros pies"; y al decir esto, se sacó la copa de oro y la entregó al avaro, quien la recibió con sorpresa y codicia. "¿Qué haces?", preguntó intrigado Andrés, pero su compañero poniéndose el dedo sobre los labios le respondió, "Silencio, estos son los caminos de Dios"; y siguieron andando.

A la caída de la noche, golpearon a la puerta de una choza miserable, era la de un hombre pobre que luchaba contra la adversidad, parecía que la desgracia se había ensañado contra él, a pesar de todo su trabajo; había tenido que vender toda su propiedad, parcela por parcela y lo único que le quedaba era esa choza.

"Soy muy pobre", les dijo el hombre, pero no puedo permitir que continúen el camino hasta mañana, la noche es fría y oscura y la senda peligrosa a estas horas, pasen a compartir con mi familia lo poco que tenemos".

A la mañana siguiente, le agradecieron su amabilidad y se despidieron. "Dios te ayudará", le dijo el compañero de Andrés, pero cuando el hombre se dio vuelta para llamar a su esposa, el extraño colocó secretamente en el techo, un fuego que media hora después, habría de reducir a cenizas, la choza y todo cuanto en ella se hallaba.

"No seas perverso", casi le grito al oído Andrés, al mismo tiempo que trataba de retener su mano, pero el extraño le respondió: "Silencio, estos son los caminos de Dios". Al anochecer el tercer día, llegaron a la casa de un hombre que les recibió cortésmente, pero que parecía preocupado y taciturno, ausente de lo que pasaba a su alrededor. No mostraba alegría sino ante la presencia de su hijo único, un muchachito inteligente y despierto.

Al otro día al despedirse, los acompaño un trecho del sendero, pero luego les dijo, "los acompañare solo hasta aquí, mi hijo les mostrará el camino hasta el puentecillo del torrente, su corriente es rápida y profunda, les ruego que cuiden de él, para que no le suceda algún desagravio".

"Dios velara por su bien", le respondió el extraño personaje, estrechando la mano del padre. Cuando llegaron al puente, el niño quiso volverse, pero el misterioso compañero de Andrés, le ordenó, "pasa delante de nosotros", y cuando el niño estuvo en medio del puente, lo hizo caer a la espumosa y fuerte corriente.

Andrés gritó desesperado: "Prefiero morir perdido en el bosque, antes que dar un sólo paso más contigo. ¿Son estos los caminos de Dios que quieres mostrarme?" En ese instante el misterioso compañero se transformo en un ángel de luz y le dijo:

"Escucha Andrés, la copa que sustraje al hombre hospitalario, estaba envenenada. Al avaro en cambio de sus pecados y de su inutilidad en el mundo, beberá en ella su propia muerte. El hombre pobre y trabajador, removerá los escombros para levantar de nuevo su casa y hallará bajo las cenizas, un tesoro que lo salvará a él y a su familia de la miseria, de aquí en adelante. El hombre cuyo hijo hice caer en el torrente, proyectaba un asalto en el camino mañana, y pensaba llevar por primera vez a su hijo, para que aprendiera a ser asaltante. Así el muchacho habría llegado a ser un asesino. La pérdida del hijo lo hará recapacitar y lo inducirá a buscar el buen camino, mientras que el niño murió en estado de inocencia y se salvará. Si no te hubiera revelado, no podrías comprender los propósitos de Dios, en esta serie de hechos inexplicables a tu manera. Has tenido un ejemplo de los caminos del Señor. Ahora no te preocupes más por ellos en el porvenir".

Con esto el ángel desapareció y el ermitaño despertó curado de todas sus perplejidades.

ACUÉRDESE DE MÍ

o la había visto. Era una señora anciana con el auto parado en el camino. El día estaba frío, lluvioso y gris. Alberto se pudo dar cuenta que la anciana necesitaba ayuda. Estacionó su auto Pontiac delante del auto Mercedes de la anciana, quien aún estaba tosiendo cuando se le acercó. Aunque con una sonrisa nerviosa en el rostro, Alberto se dio cuenta que la anciana estaba preocupada. Nadie se había detenido desde hacía más de una hora, cuando se paró en aquella transitada carretera.

Realmente, para la anciana, ese hombre que se aproximaba no tenía muy buen aspecto, podría tratarse de un delincuente. Más no había nada que hacer, estaba a su merced. Se veía pobre y hambriento. Alberto pudo percibir cómo se sentía. Su rostro reflejaba cierto temor. Así que se adelantó a tomar la iniciativa en el diálogo: ¨Aquí vengo para ayudarla señora. Entre a su vehículo que estará protegida del clima. Mi nombre es Alberto¨.

Gracias a Dios solo se trataba de un neumático bajo, pero para la anciana se trataba de una situación difícil. Alberto se metió bajo el auto buscando un lugar donde poner el "gato" y en la maniobra se lastimó varias veces los nudillos. Estaba apretando las últimas tuercas, cuando la señora bajó la ventana y comenzó a platicar con él. Le contó de dónde venía; que tan sólo estaba de paso por allí, y que no sabía cómo agradecerle. Alberto sonreía mientras cerraba el baúl del coche guardando las herramientas.

Le preguntó cuánto le debía, pues cualquier suma sería correcta dadas las circunstancias, pensando en las cosas terribles que le hubiese pasado de no haber contado con la gentileza de Alberto. Él no había pensado en dinero. Esto no se trataba de ningún trabajo para él. Ayudar a alguien en necesidad era la mejor forma de pagar por las veces cuando a él, a su vez, lo habían ayudado al encontrarse en situaciones similares.

Alberto estaba acostumbrado a vivir así. Le dijo a la anciana que si quería pagarle, la mejor forma de hacerlo sería que la próxima vez que viera a alguien en necesidad, y estuviera a su alcance el poder asistirle, lo hiciera de manera desinteresada, y que entonces… "tan sólo piense en mí", agregó despidiéndose.

Alberto esperó hasta que al auto se fuera. Había sido un día frío, gris y depresivo, pero se sintió bien en terminarlo de esa forma, éstas eran las cosas que más satisfacción le traían. Entró en su coche y se fue. Unos kilómetros más adelante, la señora divisó una pequeña cafetería. Pensó que sería muy bueno quitarse el frío con una taza de café caliente, antes de continuar el último tramo de su viaje. Se trataba de un pequeño lugar un poco desvencijado. Por fuera había dos bombas viejas de gasolina que parecía que no se habían usado en años.

Al entrar se fijó en la escena del interior. La caja registradora se parecía a aquellas de cuerda que había usado en su juventud. Una cortés camarera se le acercó y le extendió una toalla de papel para que se secara el cabello, mojado por la lluvia. Tenía un rostro agradable con una hermosa sonrisa. Aquel tipo de sonrisa que no se borra aunque estuviera de pie durante muchas horas.

La anciana notó que la camarera estaría de ocho meses de dulce espera. Y sin embargo, esto no le hacía cambiar su simpática actitud. Pensó en cómo gente que tiene tan poco, pueda ser tan generosa con los extraños. Entonces se acordó de Alberto…

Luego de terminar su café caliente y su comida, le dio a la camarera un billete de cien dólares para cubrir la cuenta. Cuando la muchacha regresó con el cambio, constató que la señora se había ido. Pretendió alcanzarla. Al correr hacia la puerta vio en la mesa algo escrito en una servilleta de papel al lado de cuatro billetes de $100.

Los ojos se le llenaron de lágrimas cuando leyó la nota: "No me debes nada, yo estuve una vez donde tú estás. Alguien me ayudo como hoy te estoy ayudando a ti. Si quieres pagarme, esto es lo que puedes hacer: No dejes de asistir y ser bendición para otros, como hoy lo hago contigo. Continua dando de tu amor y no permitas que esta cadena de bendiciones se rompa".

Aunque había mesas que limpiar y azucareras que llenar, aquél día se le fue volando. Esa noche, ya en su casa, mientras la camarera entraba sigilosamente en su cama, para no despertar a su agotado esposo, que debía levantarse muy temprano, pensó en lo que la anciana había hecho con ella. ¿Cómo sabría ella las necesidades que tenían con su esposo, los problemas económicos que estaban pasando, máxima ahora con la llegada del bebé? Estaba consciente de cuan preocupado estaba su esposo por todo esto.

Acercándose suavemente hacia él, para no despertarlo, mientras lo besaba tiernamente, le susurró al oído: "Todo va a estar bien, Alberto. Te amo..."

ÁNGELES EN EL CALLEJÓN

Diane, una joven estudiante de la universidad, estaba en casa por el verano. Fue a visitar a unos amigos por la noche, y por quedarse platicando, se le hizo muy tarde, más de lo que había planeado, y tuvo que caminar sola a su casa. No tenía miedo porque vivía en una ciudad pequeña, a tan solo unas cuadras del lugar.

Mientras caminaba a su casa, oró a Dios que la salvara de cualquier mal o peligro. Cuando llego al callejón que le serbia como atajo para llegar más pronto a su casa, decidió tomarlo; sin embargo, cuando iba a la mitad, notó a un hombre parado al final del callejón, y se veía como que la estaba esperando.

Diane se puso muy nerviosa y empezó a rezar a Dios. Al instante un sentimiento de tranquilidad y seguridad la envolvió, sintió como si alguien estuviera caminando con ella; llego al final del callejón y camino justo enfrente del hombre, y llegó a su casa sin ningún percance.

Al siguiente día, leyó en el periódico que una joven había sido violada en aquel mismo callejón, unos 20 minutos después de que ella pasara por allí. Sintiéndose muy mal por esa tragedia, y pensando que pudo haberle pasado a ella, comenzó a llorar dando gracias a Dios por haberla protegido, y le rogó que ayudara a la otra joven.

Decidió ir a la estación de policía, pensó que podría reconocer al hombre, y les dijo su historia. El policía le preguntó si estaría dispuesta a identificar al hombre que vio la noche anterior en el callejón, ella accedió, y sin dudar, reconoció al hombre en cuestión.

Cuando el hombre supo que había sido identificado, se rindió y confesó. El policía agradeció a Diane por su valentía, y le pregunto si había algo que pudiera hacer por ella. Ella le pidió que le preguntara al hombre, porque no la atacó a ella cuando pasó por el mismo callejón.

Cuando el policía le pregunto al hombre, él contesto: "Porque ella no andaba sola, había dos hombres altos vestidos de blanco, caminando uno a cada lado de ella". Diane luego comprendió el poder de una oración.

Aquí nadie usa zapatos

Cuenta una historia que, a comienzos del siglo, una empresa de calzado mandó a dos vendedores a un país Africano. Les pidió que hicieran un detallado estudio de mercado y enviaran su concreta evaluación tan pronto como esta fuera concluida.

Ambos vendedores llegaron a la misma ciudad y comenzaron su trabajo. Comenzaron por buscar algunas tiendas de calzado por un sector específico de la ciudad, pero no encontraron ninguna, de hecho, ninguna persona en esa área usaba calzado. Los vendedores decidieron irse a otro sector de la ciudad, para seguir buscando lugares donde pudieran ofrecer su producto, pero corrieron con la misma suerte. En ese lugar nadie conocía ninguna clase de calzado y no tenían idea de lo que estos hombres estaban hablando.

Sin tener más que hacer en esa ciudad, decidieron irse a la próxima ciudad, a pocos kilómetros de ahí. Comenzaron a buscar algunos negocios de calzado, pero corrieron con la misma suerte que la ciudad anterior. La gente ahí no usaba calzado. Así recorrieron más ciudades y encontraron que en todo el país nadie usaba zapatos.

Los vendedores estaban listos para mandar su evaluación a la empresa. Uno de ellos que se distinguía por su actitud, en ocasiones pesimista mandó un comunicado en estos términos:
"Mercado totalmente sin futuro, sin posibilidades, porque aquí nadie usa zapatos".

El otro, un vendedor muy optimista, vio la misma realidad de otra manera:
"Mercado con gran futuro e inmensas posibilidades, porque aquí nadie usa zapatos".

Donde uno sólo vio problemas, el otro vio oportunidades, porque la visión que tenemos de la realidad acaba por crear esa misma realidad.

Ayúdate que yo te ayudare

⌒₩⌒

Dicen que Dios, una vez salió con sus ayudantes, como les dicen en el campo a los Apóstoles, y volvió a su tierra. Quería ver como andaba aquello que Él había sabido dejar por acá. Iban por esos campos de Dios. Tiempo de la inundación. De repente se encontraron con un vasco, en esta zona hay muchos y el cuento está dedicado a ellos. Un vasco, vamos a ser sinceros, medio renegado. Resulta que se le había empantanado el coche en medio de un lodazal grande. Estaba el vasco con el barro hasta el anca, cinchando la rueda. Bajaba a los santos y los volvía a subir, y decía muchas barbaridades.

Entonces, San Pedro miró al Señor y le dijo: "¡Señor, castíguelo!", "¿Cómo?" le pregunto el Señor, "Pedro, tanto tiempo de cristianismo y ¿Todavía no aprendiste, hermano? ¿Como lo voy a castigar al pobre hombre? Vayan todos a ayudarle a sacar el automóvil. "Pero, ¿no escucho lo que dijo?" "¡Que importa lo que dijo! ¡Lo importante es lo que hace! Vayan, vayan ayúdenlo¨. Fue Pedro con todos los apóstoles y les fue fácil sacar el coche. El hombre parece que no agradeció mucho. Subió al auto y se fue.

Siguieron andando y por ahí, otro lodazal grande como el anterior, y esta vez era un jovencito quien se había atascado. El jovencito, más prolijo, estaba arriba del coche también empantanado hasta el eje. Pero, desde arriba del vehículo, el hombrecito se había puesto de rodillas y rezaba con mucha humildad: "Señor Dios, vos que sois bueno, ayúdame, sácame de esta realidad. Mándame a tus santos apóstoles y a los ángeles a que me ayuden y me saquen el coche de acá¨. Y siguió rezando así. San Pedro pregunto al Señor: "¿Vamos a ayudarle?", "No", dijo el Señor. "No le ayuden nada". "¿Cómo?" pregunto Pedro. "Te digo que no hay que ayudarle, vamos, sigamos". Y siguieron y lo dejaron en el barro.

Claro, San Pedro se sentía autoridad en la Iglesia, pero tenía que hacerle caso al Señor. Por ahí, cuando estaban medio alejados, San

Pedro dijo: "Disculpe Señor, no es que yo lo quiera corregir a Ud. pero no entiendo que fue lo que pasó".

"¿Cómo que no entienden que fue lo que paso?". "Si al otro que era un renegado, que estaba tratando de sacar el auto, sí nos mando que lo ayudáramos, y a este que puso toda la confianza en nosotros y nos rezaba y nos alababa, a él no pudimos ayudarlo". "Justamente", dijo el Señor "el otro hacía todo lo que podía y por eso merecía ser ayudado. Este otro era un cómodo, quería que nosotros le solucionáramos todo. ¡No señor! Que se baje y que se embarre, y entonces le vamos a ayudar".

BIENES INVISIBLES

Tomás es un chico de siete años que vive con su mamá, una pobre costurera, en su sólo cuarto, en una pequeña ciudad del norte de Escocia. La víspera de navidad, en su cama, el chico espera, ansioso, la venida de Papá Noel. Según la costumbre de su país, ha colocado en la chimenea una gran media de lana, esperando encontrarla, a la mañana siguiente, llena de regalos.

Pero su mamá sabe que no habrá regalos de navidad para Tomás, por falta de dinero. Para evitar su desilusión le explica que hay bienes visibles, que se compran con dinero, y bienes invisibles, que no se compran, ni se venden, ni se ven, pero que lo hacen a uno muy feliz: como el cariño de la mamá, por ejemplo.

Al día siguiente, Tomas despierta, corre a la chimenea y ve su media vacía. La recoge con emoción y alegría y se la muestra a su mamá:" ¡Está llena de bienes invisibles!", le dice, y se le ve feliz. Por la tarde va Tomás al salón parroquial donde se reúnen los chicos, cada cual mostrando orgulloso su regalo". ¿Y a ti, Tomás, que te ha traído Papá Noel?"

Le preguntan. Tomás muestra feliz su media vacía:" ¡A mí me ha traído bienes invisibles!", contesta. Los chicos se ríen de él. Entre ellos Federico, un niño consentido, quien tiene el mejor regalo pero no es feliz. Por envidia, sus compañeros le hacen burla porque su lindo auto a pedal no tiene marcha atrás (reversa), y enfurecido destruye el valioso juguete.

¡El papá de Federico se aflige! ¿Cómo dar el gusto a su hijo? En eso ve a Tomás sentado en un rincón, feliz con su media vacía. "¿Qué te ha traído Papá Noel?". "¿A mí? Bienes invisibles", contesta ante la sorpresa del papá de Federico, y le explica que no se ven, ni se compran, ni se venden, como el cariño de una mamá. El papá de Federico comprendió: los muchos regalos visibles y vistosos no habían logrado la felicidad de su hijo; mientras tanto la mama de Tomas había sabido regalarle la felicidad.

CARTA A RUTH

Ruth miró en su buzón del correo, pero sólo había una carta. La tomó y la miró antes de abrirla, pero luego la observó con más cuidado. No había sello ni marca del correo, solamente su nombre y dirección. Leyó la carta: "Querida Ruth, estaré en tu vecindario el sábado en la tarde y pasaré a visitarte. Con amor, Jesús". Sus manos temblaban cuando puso la carta sobre la mesa. "¿Por qué querría venir a visitarme el señor? No soy nadie en especial, no tengo nada que ofrecerle".

Pensando en eso, Ruth recordó el vació reinante en los estantes de su cocina. "¡Oh no, no tengo nada para ofrecerle! Tendré que ir al mercado y conseguir algo para la cena". Busco la cartera y vació el contenido sobre la mesa: Cinco dólares y cuarenta centavos. "Bueno, compraré algo de pan y alguna otra cosa al menos". Se puso un abrigo encima y se apresuro a salir.

Una hogaza de pan francés, media libra de pavo, y un cartón de leche…Y Ruth se quedo con solamente 12 centavos que le deberían durar hasta el lunes. Aún así, se sintió bien. Camino a casa con sus humildes ingredientes bajo el brazo. "Oiga señora, ¿nos puede ayudar?" Ruth estaba tan absorta pensando en la cena, que no vio las dos figuras que estaban de pie en el pasillo. Un hombre y una mujer, los dos vestidos con poco más que harapos.

"Mire señora, no tengo empleo, usted sabe, y mi mujer y yo hemos estado viviendo allí afuera en la calle y, bueno, está haciendo frió y nos está dando hambre y, bueno, si usted nos puede ayudar, estaremos muy agradecidos…" Ruth los miró con más cuidado. Estaban sucios y tenían mal olor y, francamente, ella estaba segura de que ellos podrían obtener algún empleo si realmente quisieran.

"Señor, de verdad quisiera ayudarle, pero yo misma soy una mujer pobre. Todo lo que tengo son unas rebanadas de pan, pero tengo un huésped importante para esta noche y planeaba servirle eso a Él".

"Sí, bueno, sí señora, entiendo. Gracias de todas maneras". El hombre puso sus brazos alrededor de los hombros de la mujer y se dirigieron a la salida.

A medida que los ve saliendo, Ruth sintió un latido familiar en su corazón. "¡Señor, espere!". La pareja se detuvo, y volteó a medida que Ruth corría hacia ellos, y los alcanzaba en la calle. "Mire: ¿por qué no toma esta comida? Algo se me ocurrirá para servir a mi invitado...", y extendió la mano con la bolsa de víveres.

"¡Gracias señora, muchas gracias!". "Si, gracias", dijo la mujer, y Ruth pudo notar que estaba temblando de frió. "¿Sabe? Tengo otro abrigo en casa, tome éste". Ruth desabotonó su abrigo y lo deslizó sobre los hombros de la mujer. Y sonriendo, volteó y regresó camino a casa...sin su abrigo y sin nada que servir a su invitado.

"¡Gracias, señora, muchas gracias!" Ruth estaba tiritando cuando llego a la entrada. Ahora no tenía nada para ofrecerle al Señor. Busco rápidamente la llave en la cartera. Mientras lo hacía, notó que había otra carta en el buzón. "Qué raro, el cartero no viene dos veces en un día". Tomó el sobre y lo abrió:

"Querida Ruth: Qué bueno fue volverte a ver. Gracias por la deliciosa cena, y gracias también por el hermoso abrigo. Con amor, Jesús".

¿Como enviar el mensaje?

Había una vez un agricultor escéptico, al cual, entre otras cosas le costaba trabajo entender el por qué de la Encarnación de Cristo. Para que tenía que venir como uno de nosotros. "Por eso no le hacemos caso. Hubiera venido lleno de la gloria que dicen que tiene, y así nos hubiera impresionado y todos lo seguiríamos".

Cierta noche fría de invierno el hombre oyó un golpeteo irregular contra la puerta. Fue hacia una ventana y vio cómo varios pequeños gorriones, atraídos por el evidente calor que había dentro de la casa, se golpeaban contra el vidrio de la puerta.

Conmovido, el agricultor se abrigó bien y cruzó el patio cubierto de nieve; abrió la puerta del granero para que los pobres pájaros pudieran entrar. Prendió las luces y echó algo de heno en un rincón. Pero los gorriones, que se habían dispersado en todas direcciones cuando él salió de la casa, se ocultaban en la oscuridad, temerosos.

El hombre intentó varias cosas para hacerlos entrar en el granero. Hizo un caminito de migajas de pan para guiarlos. Dio vuelta por detrás de donde estaban los pájaros, para ver si los podía espantar en dirección al granero. Nada dio el resultado esperado. Él, una enorme criatura extraña, los aterrorizaba; los pájaros no podían entender que él estaba tratando de ayudarles.

El hombre de campo se retiró a su casa y observó a los condenados gorriones a través de su ventana. Mientras los observaba, un pensamiento le llegó de repente: ¡Si tan sólo pudiera convertirme en un pájaro, ser uno de ellos por un momento! Entonces no los asustaría. Les podría mostrar el rumbo hacia el calor y la seguridad. Luego, otro pensamiento le golpeó con gran fuerza. Entendió la razón por la que Jesús había nacido.

CUANDO PUDO VERME

Un muchacho vivía sólo con su padre, ambos tenían una relación extraordinaria y muy especial. El joven pertenecía al equipo de fútbol americano de su colegio, usualmente no tenía la oportunidad de jugar, bueno, casi nunca, sin embargo su padre permanecía siempre en las gradas haciéndole compañía.

El joven era el más bajo de la clase cuando comenzó la secundaria e insistía en participar en el equipo de fútbol del colegio; su padre siempre le daba orientación y le explicaba claramente que "él no tenía que jugar fútbol si no lo deseaba en realidad"... pero el joven amaba el fútbol, ¡no faltaba a una práctica ni a un juego!, estaba decidido en dar lo mejor de sí, ¡se sentía felizmente comprometido!

Durante su vida en secundaria lo recordaron como el "calentador de la banca", debido a que siempre permanecía sentado... su padre con su espíritu de luchador, siempre estaba en las gradas, dándole compañía, palabras de aliento y el mejor apoyo que hijo alguno podría esperar.

Cuando comenzó la Universidad, intentó entrar al equipo de fútbol, todos estaban seguros de que no lo lograría, pero a todos venció, entrando al equipo. El entrenador le dio la noticia, admitiendo que lo había aceptado además por como él demostraba entregar su corazón y su alma en cada una de sus prácticas y al mismo tiempo les daba a los demás miembros del equipo el entusiasmo perfecto.

La noticia lleno por completo su corazón, corrió al teléfono más cercano y llamó a su padre, quien compartió con él la emoción. Le enviaba en todas las temporadas todas las entradas para que asistiera a los juegos de la Universidad. El joven atleta era muy persistente, nunca faltó a una práctica ni a un juego durante los cuatro años de la Universidad, y nunca tuvo la oportunidad de participar en ningún juego.

Era el final de la temporada y justo unos minutos antes que comenzara el primer juego de las eliminatorias, el entrenador le entregó un telegrama. El joven lo tomó y luego de leerlo se quedó en silencio... temblando le dijo al entrenador: "Mi padre murió esta mañana, ¿no hay problema de que falte al juego hoy?". El entrenador lo abrazó y le dijo: "toma el resto de la semana libre, hijo. Y no se te ocurra venir el sábado".

Llego el sábado, y el juego no estaba muy bien, en el tercer cuarto, cuando el equipo tenía 10 puntos de desventaja, el joven entró a los vestidores calladamente se colocó el uniforme y corrió hacia donde estaba el entrenador y su equipo, quienes estaban impresionados de ver a su luchador compañero de regreso. "Entrenador por favor, permítame jugar... yo tengo que jugar hoy", imploró el joven.

El entrenador pretendió no escucharle, de ninguna manera podía permitir que su peor jugador entrara en el cierre de las eliminatorias. Pero el joven insistió tanto, que finalmente el entrenador sintió lastima y lo aceptó: "Bien hijo, puedes entrar, el campo es todo tuyo".

Minutos después el entrenador, el equipo y el público, no podian creer lo que estaban viendo. El pequeño desconocido, que nunca había participado en ningún juego, estaba haciendo todo perfectamente brillante, nadie podía detenerlo en el campo, corría fácilmente como toda una estrella. Su equipo comenzó a ganar, hasta que empató el juego.

En los segundos de cierre el muchacho interceptó un pase y corrió todo el campo hasta ganar con un "touch down". La gente que estaba en las gradas gritaba emocionada y su equipo lo llevo cargando por todo el campo. Finalmente cuando todo terminó, el entrenador notó que el joven estaba sentado calladamente y solo en una esquina, se acerco y le dijo: "Muchacho no puedo creerlo, ¡estuviste fantástico! Dime, ¿Cómo lo lograste?".

El joven miró al entrenador y le dijo: "Usted sabe que mi padre murió... pero no sabía que mi padre era ciego". El joven hizo una pausa y trato de sonreír. "Mi padre asistió a todos mis juegos, pero hoy era la primera vez que podía verme jugar... y yo quise demostrarle que si podía hacerlo".

Cruzando el río helado

Un viajero muy cansado llegó a la orilla de un río. No había un puente por el cual se pudiera cruzar. Era invierno y la superficie del río se hallaba congelada. Obscurecía y deseaba llegar pronto al pueblo que se encontraba a poca distancia del río, mientras hubiera suficiente luz para distinguir el camino.

Llegó a preguntarse si el hielo sería lo suficientemente fuerte para soportar su peso. Como viajaba solo y no había nadie más en los alrededores, una fractura y caída en el río helado significaría la muerte; pero pasar la noche en ese hostil paraje representaba también el peligro de morir por hipotermia.

Por fin, después de muchos titubeos y miedos, se arrodilló y comenzó, muy cauteloso, a arrastrarse por encima del hielo. Pensaba que, al distribuir el peso de su cuerpo sobre una mayor superficie, sería menos probable que el hielo se quebrara bajo su peso.

Después de haber recorrido más de la mitad del trayecto en esta forma lenta y dolorosa, de pronto, a corta distancia detrás de él, escuchó el sonido de una suave y melodiosa canción. De la noche salió un carruaje lleno de carbón, tirado por cuatro caballos, y conducido por un hombre, que tranquilo cantaba con alegría mientras iba en su despreocupado camino.

Allí se encontraba nuestro cauteloso viajero. Arrastrándose lentamente con manos y pies, mientras, a su lado, como un viento invernal, pasó el conductor con su carruaje, caballos y pesada carga ¡por el mismo río!

DESCUBRIENDO EL VERDADERO MIEDO

Un sultán decidió hacer un viaje en barco con algunos de sus mejores cortesanos. Se embarcaron en el puerto de Dubái y zarparon en dirección al mar abierto. Entretanto, en cuanto el navío se alejó de tierra, uno de los súbditos que jamás había visto el mar, ya que había pasado la mayor parte de su vida en las montañas, comenzó a tener un ataque de pánico: Sentado en la bodega de la nave lloraba, gritaba, y se negaba a comer o dormir. Todos procuraban calmarlo, diciéndole que el viaje no era tan peligroso, pero aunque las palabras llegasen a sus oídos, no llegaban a su corazón.

El sultán no sabía qué hacer, y el hermoso viaje por aguas tranquilas y cielo azul se transformó en un tormento para los pasajeros y la tripulación. Pasaron dos días sin que nadie pudiese dormir con los gritos del hombre. El sultán ya estaba a punto de mandar volver al puerto cuando uno de sus ministros, conocido por su sabiduría, se le aproximó: "Si Su Alteza me da permiso, yo conseguiré calmarlo".

Sin dudar un instante, el sultán le respondió, que no sólo se permitía, sino que sería recompensado si consiguiera solucionar el problema. El sabio entonces pidió que tirasen al hombre al mar. En el momento, contentos de que esa pesadilla fuera a terminar, un grupo de tripulantes agarró al hombre que se debatía en la bodega y lo tiraron al agua. El cortesano comenzó a debatirse, se hundió, tragó agua salada, volvió a la superficie, gritó más fuerte aún, se volvió a hundir y de nuevo consiguió flotar. En ese momento, el ministro pidió que lo alzasen nuevamente hasta la cubierta del barco.

A partir de aquel episodio, nadie volvió a escuchar jamás cualquier queja del hombre, que pasó el resto del viaje en silencio, llegando incluso a comentar con uno de los pasajeros, que nunca había visto nada tan bello como el cielo y el mar unidos en el horizonte. El viaje que antes era un tormento para todos los que se encontraban en el barco, se transformó en una experiencia de armonía y tranquilidad.

Poco antes de regresar al puerto, el Sultán fue a buscar al ministro: "¿Cómo podías adivinar que arrojando a aquel pobre hombre al mar se calmaría?" "Por causa de mi matrimonio", respondió el ministro. "Yo vivía aterrorizado con la idea de perder a mi mujer, y mis celos eran tan grandes que no paraba de llorar y gritar como este hombre. Un día ella no aguantó más y me abandonó, y yo pude sentir lo terrible que sería la vida sin ella...

Sólo regresó después de que le prometí que jamás volvería a atormentarla con mis miedos. De la misma manera, este hombre jamás había probado el agua salada y jamás se había dado cuenta de la agonía de un hombre a punto de ahogarse. Después que conoció eso, entendió perfectamente lo maravilloso que es sentir las tablas del barco bajo sus pies".

"Sabia actitud", comentó el sultán. "Ciertas personas sólo consiguen valorar lo que tienen cuando experimentan la sensación de su pérdida".

DONDE CARGAR CON LOS SACOS

Según escojas tus pensamientos podrás crearte el cielo o el infierno en la tierra...

Hay una antigua leyenda acerca de tres hombres, cada uno de los cuales, cargaba dos sacos, sujetos a sus cuellos, uno al frente y el otro a sus espaldas.

Cuando al primero de ellos le preguntaron que había en sus sacos, el dijo: "Todo cuanto de bueno me han dado mis amigos se halla en el saco de atrás, ahí fuera de la vista, y al poco tiempo olvidado. El saco de enfrente contiene todas las cosas desagradables que me han acontecido y, en mi andar, me detengo con frecuencia, saco esas cosas y las examino desde todos los ángulos posibles. Me concentro en ellas y las estudio. Y dirijo todos mis sentimientos y pensamientos hacia ellas".

En consecuencia, como el primer hombre siempre se estaba deteniendo para reflexionar sobre las cosas desafortunadas que le habían sucedido en el pasado, lo que lograba avanzar era muy poco.

Cuando al segundo hombre le preguntaron qué era lo que llevaba en sus dos sacos, el respondió: "En el saco de enfrente, están todas las buenas acciones que he hecho. Las llevo delante de mí y continuamente las saco y las exhibo para que todo mundo las vea. Mientras que el saco que llevo atrás, contiene todos mis errores. Los llevo conmigo a dondequiera que voy. Es mucho lo que pesan y no me permiten avanzar con rapidez, pero por alguna razón, no puedo desprenderme de ellos".

Al preguntarle al tercer hombre sobre sus sacos, él contestó: "El saco que llevo al frente, está lleno de maravillosos pensamientos acerca de la gente, los actos bondadosos que han realizado y todo cuanto de bueno he tenido en mi vida. Es un saco muy grande y está lleno, pero no pesa mucho. Su peso es como las velas de un barco, lejos de ser una carga, me ayudan a avanzar. Por su parte, el saco que llevo a mis espaldas está vacío, pues le he hecho un gran orificio en el fondo.

"En ese saco, puse todo lo malo que escuché de los demás así como todo lo malo que a veces pienso acerca de mí mismo. Esas cosas se fueron saliendo por el agujero y se perdieron para siempre, de modo que ya no hay peso que me haga más penoso el trayecto".

DUDAS DE UN FETO

Refiere una antigua leyenda que un niño próximo a nacer, le dijo a Dios:

- Me vas a enviar mañana a la tierra pero, ¿cómo viviré allá siendo tan pequeño y tan débil? -

- Entre los muchos Ángeles escogí a dos que te esperan – contestó Dios.

- Pero… aquí en el cielo no hago más que cantar y sonreír y eso basta para mi felicidad, ¿podré hacerlo allá? -

- Esos Ángeles te cantaran y te sonreirán todos los días y te Sentirás muy feliz con sus canciones y sonrisas -.

- Y ¿cómo entenderé cuando me hablen si no conozco el extraño idioma de los hombres? -

- Esos Ángeles te hablarán y te enseñaran las palabras más dulces y tiernas que escuchan los humanos -.

- ¿Qué haré cuando quiera hablar contigo?

- Esos Ángeles juntaran tus pequeñas manos y te enseñaran a orar -.

- He oído que en la tierra hay hombres malos, ¿quién me defenderá?-

- Esos Ángeles te defenderán aunque les cueste la vida -.

- Pero estaré siempre triste porque no te veré más Señor, sin verte me sentiré muy solo -.

- Esos Ángeles te hablaran de mí y te mostraran el camino para volver a mi presencia - le dijo Dios.

En ese instante una paz inmensa reinaba en el cielo, no se oían voces terrestres, el niño preguntó suavemente:

- Dime sus nombres señor -.

Y Dios le contestó: "Esos Ángeles se llaman MAMA Y PAPA".

El amigo sin brazo y sin pierna

Una historia que fue contada por un soldado que pudo regresar a casa después de haber peleado en la guerra de Vietnam. Les habló a sus padres desde San Francisco. "Mamá, papá, voy de regreso a casa, pero les tengo que pedir un favor: Traigo a un amigo que me gustaría que se quedara con nosotros. " Claro" le contestaron, "nos encantaría conocerlo". "Hay algo que deben de saber", el hijo siguió diciendo, "él fue herido en la guerra, pisó en una mina de tierra y perdió un brazo y una pierna. El no tiene a donde ir, y quiero que él se venga a vivir con nosotros a casa".

- Siento mucho al escuchar eso hijo. A lo mejor podemos Encontrar un lugar donde él se pueda quedar -.

-No, yo quiero que él viva con nosotros -. - Hijo -, le dijo el padre, - tú no sabes lo que estás pidiendo. Alguien que esté tan limitado físicamente puede ser un gran peso para nosotros. Nosotros tenemos nuestras propias vidas que vivir, y no podemos dejar que algo como esto interfiera con nuestras vidas. Yo pienso que tú deberías regresar a casa y olvidarte de esta persona. El encontrara una manera en la que pueda vivir solo -.

En ese momento el hijo colgó la bocina del teléfono. Los padres ya no volvieron a escuchar de él. Unos cuantos días después, los padres recibieron una llamada telefónica de la policía de San Francisco. Su hijo había muerto después de que se había caído de un edificio, fue lo que les dijeron. La policía creía que era un suicidio. Los padres destrozados de la noticia volaron a San Francisco, y fueron llevados a la morgue de la ciudad, a que identificaran a su hijo. Ellos lo reconocieron, para su horror, ellos descubrieron algo que no sabían, su hijo sólo tenía un brazo y una pierna.

EL CUARTO REY MAGO

Cuenta la historia que hubo un cuarto Rey Mago. Este mago disfrutaba de ayudar a cuanta gente podía, en las condiciones que fueran. Cierto día preparo unas bolsas con bastante alimento, pues su viaje por el desierto seria largo. Tenía que reunirse con los otros tres Reyes Magos para juntos emprender el viaje con dirección a la brillante estrella. Agarro las bolsas de alimento, y montándose a su camello, se dispuso a partir. Después de caminar algunos minutos, se encontró con un anciano débil y hambriento, que no tenía a donde ir. Sin pensarlo dos veces el Rey Mago desmonto de su camello, le dio algo de alimentos al anciano y lo monto a su camello. - Vamos, te llevare a mi choza, allí tendrás refugio y suficiente alimento hasta que yo regrese de mi viaje.-

Luego de alojar al anciano, nuevamente monto su camello y de nuevo partió. Al llegar a donde los otros tres Reyes lo esperarían, se percato de que estos ya se habían marchado. De inmediato se apresuro en su camello para tratar de alcanzarlos, pero a corta distancia se encontró a un hombre y su esposa que daría a luz en cuestión de horas. "Disculpe su Majestad", dijo el hombre, "Mi esposa dará a luz en algunas horas, y aun falta mucho para llegar a mi aldea, ¿no me podría prestar su camello para transportarla?" "Faltaba más", respondió el Rey, "Llevemos a su esposa a su aldea, luego yo me regresare y continuare mi viaje".

Luego de llevar a la mujer a la aldea, el Rey volvió a emprender su viaje. Mientras avanzaba por el desierto, seguía ayudando a cuanta persona necesitaba de él. Cuando logro llegar a Belén, la sagrada familia ya había partido a Egipto, en dónde intento buscarlos fructuosamente, pero siempre se enredaba ayudando a algún necesitado.

Vuelto a su lugar de origen, los tres Reyes Magos le contaron sobre el niño Jesús, y en su corazón prometió encontrarle. Cuando después de 30 años oyó del profeta de Galilea, quiso verle. Desafortunadamente, nunca llegaba en el momento oportuno por arreglar las miserias que iba encontrando en su camino.

Por fin, ya anciano alcanzo a Jesús subiendo al Gólgota, y le dijo: "Jesús, toda mi vida te he buscado sin poder encontrarte". Jesús contesto: "No necesitabas buscarme, tú siempre estuviste a mi lado".

EL DIAMANTE DEL REY

Érase una vez, hace mucho tiempo, un rey que vivía en Irlanda. En aquellos tiempos Irlanda estaba dividida en muchos reinos pequeños y el reino de aquel rey era uno más entre esos muchos. Tanto el rey como el reino no eran conocidos y nadie les prestaba mucha atención.

Pero un día el rey heredó un gran diamante de belleza incomparable, de un familiar que había muerto. Era el mayor diamante jamás conocido. Dejaba boquiabiertos a todos los que tenían la suerte de contemplarlo. Los demás reyes comenzaron a fijarse en este rey porque, si poseía un diamante como aquel, tenía que ser algo fuera de lo común.

El rey tenía la joya expuesta en una urna de cristal para que todos los que quisieran pudieran acercarse a admirarla. Naturalmente, unos guardias bien armados mantenían aquel diamante único, bajo una constante vigilancia. Tanto el rey como el reino prosperaban y el rey tranquilo por su buena fortuna administraba su reino.

Un día, uno de los guardias, nervioso solicitó permiso para ver al rey. El guardián temblaba como una hoja. Le dio al rey una terrible noticia: "Su majestad, ¡ha aparecido un defecto en el diamante!" Se trataba de una grieta parecida justamente en la mitad de la joya. El rey se sintió horrorizado y se acercó corriendo hasta el lugar donde estaba instalada la urna de cristal, para comprobar por sí mismo el deterioro de la joya.

"¡Es verdad, el diamante ha sufrido una fisura en sus entrañas!" Era un defecto perfectamente visible hasta en el exterior de la joya. El rey decidió convocar a todos los joyeros del reino para pedir su opinión y consejo, pero sólo le dieron malas noticias.

"Su majestad, el defecto de la joya es muy profundo; si intentamos subsanarlo, lo único que conseguiremos es que esta maravilla pierda todo su valor. Y si nos arriesgamos a partirla por la mitad, para conseguir dos piedras preciosas, la joya puede, con toda probabilidad, partirse en miles de fragmentos".

Mientras el rey meditaba profundamente en esas dos únicas tristes opciones que se le ofrecían, un joyero ya anciano, que había sido el último en llegar, se le acerco y le dijo: "Si me da una semana para trabajar en la joya, es posible que pueda repararla".

Al principio, el rey no dio crédito alguno a sus palabras porque los demás joyeros estaban totalmente seguros de la imposibilidad de arreglarla. Finalmente el rey cedió, pero con una condición: la joya no debía salir del palacio real. Al anciano joyero le pareció bien el deseo del rey.

Aquel era un buen sitio para trabajar, y el anciano también aceptó que unos guardias vigilaran su trabajo, desde el exterior de la puerta del improvisado taller, mientras él estuviese trabajando en la joya.

Aún costándole mucho, al no tener otra opción, el rey dio por buena la oferta del anciano joyero. A diario, él y los guardias se paseaban nerviosos, ante la puerta de aquella habitación. Oían los ruidos de las herramientas que trabajaban la piedra, con golpes y frotamientos muy suaves. Se preguntaban: "¿Qué estará haciendo el anciano, qué pasara si nos engaña?

Al cabo de la semana convenida, el anciano salió de la habitación. El rey y los guardias se precipitaron al interior de la misma, para ver el trabajo del misterioso joyero. Al rey se le saltaron las lágrimas de alegría. ¡Su joya se había convertido en algo incomparablemente más hermoso y valioso que antes!

El anciano había grabado en el diamante una rosa perfecta, la grieta que antes dividía la joya por la mitad, se había convertido en el tallo de la rosa.

El día que Jesús guardo silencio

Aún no llego a comprender como ocurrió, si fue algo real o solamente un sueño. Sólo recuerdo que ya era tarde y estaba en mi sofá preferido con un buen libro en las manos. El cansancio me fue venciendo y empecé a cabecear... En algún lugar entre la semi-inconsciencia y los sueños, me encontré en aquel inmenso salón, no tenía nada en especial, salvo una pared llena de tarjeteros, como los que tienen las grandes bibliotecas.

Los ficheros iban del suelo al techo y parecían interminables en ambas direcciones. Tenían diferentes rótulos. Al acercarme, me llamo la atención un cajero titulado: "Mujeres de la vida alegre que he visitado". Lo abrí descuidadamente, empecé a pasar las fichas. Tuve que detenerme por la impresión, había reconocido el nombre de cada una de ellas.

Sin que nadie me lo dijera, empecé a sospechar donde me encontraba. Este inmenso salón con sus interminables ficheros, era un crudo catálogo de toda mi existencia. Estaban escritas las acciones de cada momento de mi vida, pequeños y grandes detalles, momentos que mi memoria había ya olvidado.

Un sentimiento de expectación y curiosidad, acompañados de intriga, me asaltaba, mientras abría los ficheros al azar para explorar su contenido. Algunos me trajeron alegría y momentos dulces; otros, por el contrario, un sentimiento de vergüenza y culpa, tan intensos que tuve que volverme para ver si alguien me observaba. El archivo "Amigos" estaba al lado de "Amigos que racioné" y "Amigos que abandoné cuando más me necesitaban".

Los títulos iban de lo mundano a lo ridículo. "Libros que he leído", "Mentiras que he dicho", "Consuelo que he dado", "Chistes que conté", otros títulos eran: "Asuntos por los que he peleado con mis hermanos", "Cosas hechas cuando mamá me reprendía de niño", "Vídeos que he visto", etc.

No dejaba de sorprenderme de los títulos. En algunos ficheros había muchas más tarjetas de las que esperaba y otras veces menos de lo que yo pensaba. Estaba atónito del volumen de la información de mi vida que había acumulado. ¿Sería posible que hubiera tenido el tiempo de escribir cada una de esas millones de tarjetas? Pero cada tarjeta afirmaba la verdad. Cada una escrita con mi letra, cada una llevaba mi firma.

Cuando llegue al archivo: "Pensamientos lujuriosos" un escalofrío recorrió mi cuerpo. Solo abrí el cajón unos centímetros... Me avergonzaría conocer su tamaño. Saqué una ficha al azar y me conmoví por su contenido. Me sentí asqueado al constatar que "ese" momento, escondido en la oscuridad, había quedado registrado... No necesitaba ver más... Un instinto animal afloró en mí.

Un pensamiento dominaba mi mente: "Nadie debe de ver estas tarjetas jamás. Nadie debe entrar jamás a este salón... ¡Tengo que destruirlo!" En un frenesí insano, arranqué un cajón, tenía que vaciar y quemar su contenido. Pero descubrí que no podía siquiera desglosar una sola tarjeta del cajón. Me desesperé y traté de tirar con más fuerza, sólo para descubrir que eran más duras que el acero cuando intentaba arrancarlas.

Vencido y completamente indefenso, devolví el cajón a su lugar. Apoyando mí cabeza al interminable archivo, testigo invencible de mis miserias, y empecé a llorar. En eso el título de un cajón pareció aliviar en algo mi situación: "Personas a las que he ayudado". La manija brillaba, al abrirlo encontré menos de 10 tarjetas.

Las lágrimas volvieron a brotar de mis ojos. Lloraba tan profundo que no podía respirar. Caí de rodillas al suelo llorando amargamente de desconsuelo. Un nuevo pensamiento cruzaba mi mente: nadie deberá entrar a este salón, necesito encontrar la llave y cerrarlo para siempre. Y de repente... lo vi. ¡OH no! ¡Por favor no! ¡El no! ¡Cualquiera menos Jesús!

Impotente vi como Jesús abría los cajones y leía cada una de mis fichas. No soportaría ver su reacción. En ese momento no deseaba encontrarme con su mirada. Intuitivamente, Jesús se acerco a los peores archivos. ¿Por qué tienes que leerlos todos? Con tristeza en sus ojos, buscó mi mirada y yo bajé la cabeza de vergüenza, me llevé las manos al rostro y empecé a llorar de nuevo.

El se acercó, puso sus manos en mis hombros. Pudo haber dicho muchas cosas. Pero El no dijo ni una sola palabra. Allí estaba junto a mí, en silencio. Era el día en que Jesús guardo silencio… y lloró conmigo. Volvió a los archivadores y, desde un lado del salón, empezó a abrirlos, uno por uno, y en cada tarjeta firmaba su nombre sobre el mío.

¡No! le grite corriendo hacia El. Lo único que atiné a decir fue sólo "¡no! ¡no! ¡no!" cuando le arrebaté la ficha de sus manos. Su nombre no tenía por qué estar en esas fichas. No eran sus culpas, ¡eran las mías! Pero allí estaban, escritas en un rojo vivo. Su nombre cubrió el mío, escrito con su propia sangre. Tomó la ficha de mi mano, me miró con una sonrisa triste y siguió firmando las tarjetas.

No entiendo como hizo tan rápido. Al siguiente instante lo vi cerrar el último archivo y venir a mi lado. Me miró con ternura a los ojos y me dijo:"Consumado, está terminado, yo he cargado con tu vergüenza y culpa". En eso salimos juntos del salón… Salón que aún permanece abierto… Porque todavía faltan más tarjetas que escribir… Aun no sé si fue un sueño, una visión, o una realidad…Pero, de lo que sí estoy convencido, es que la próxima vez que Jesús vuelva a ese salón, encontrará más fichas de que alegrarse, menos tiempo perdido y menos fichas vanas y vergonzosas.

El eco

Jorge, que no sabía lo que era el eco, un día se divertía en el campo en ir montado sobre un palo de escoba, como si fuera un asno y en gritar: - "¡Arre! ¡Arre!" Pero inmediatamente oyó las mismas palabras en el bosque cercano. Creyendo que algún niño se hubiera escondido en él, él preguntó admirado: - "¿quién eres tú?" La voz misteriosa repitió inmediatamente: - "¿quién eres tú?" Jorge, lleno de furor, le gritó entonces: - "Tú eres un necio".

En seguida la misteriosa voz repitió las mismas palabras. Entonces Jorge montó en cólera y lanzó palabras cada vez mas injuriosas contra el desconocido que suponía escondido; pero el eco se las devolvía con la máxima fidelidad. Jorge corrió al bosque para descubrir al insolente y vengarse de él, pero no encontró a nadie. Entonces marchó a su casa, y fue a consolarse con su Mamá de lo que le había sucedido, diciéndole que un bribonzuelo, escondido en el bosque, lo había colmado de injurias.

- Esta vez te has engañado pues lo que has oído ha sido el eco de tus mismas palabras - le dijo la madre. - Si tú hubieras dicho en alta voz una palabra afectuosa, la voz de que hablas te hubiera respondido también en términos afectuosos. Lo mismo sucede en la vida ordinaria. Por lo común, el proceder de los demás para nosotros es el eco de nuestra conducta para con ellos. Si somos educados con los demás, los demás lo serán con nosotros. Si, en cambio, somos descorteses, ruines y groseros con nuestros semejantes, no tenemos derecho a esperar ser tratados de diferente manera.

EL ENORME DIAMANTE

Un santo había llegado a las afueras de la aldea y acampó bajo un árbol frondoso para pasar la silenciosa noche. De pronto llego corriendo hacia él un habitante de la aldea y en tono demandante le dijo: "¡La piedra, la piedra, dame la piedra preciosa!" "¿Que piedra?", preguntó el santo.

— Se me ha aparecido en sueños el Señor -, dijo el aldeano.

— Me aseguro que si venía al anochecer a las afueras de la aldea, debajo de un frondoso árbol, encontraría a un santo que me daría una piedra preciosa, que me haría rico, ¡muy rico para siempre! -. El santo rebusco en su bolsa y extrajo una hermosa piedra brillante. - Probablemente se refería a ésta -, dijo mientras entregaba la piedra preciosa al aldeano. - La encontré en un sendero del bosque hace algunos días, por supuesto que puedes quedarte con ella -.

El hombre se quedo mirando la piedra con asombro. ¡Era un diamante! Tal vez el mayor diamante del mundo, pues era aun más grande que su propia mano. El hombre tomó el diamante y lleno de emoción y nerviosismo, se marchó apresuradamente de aquel lugar. Llegando a su casa, agitado se recostó sobre su cama y se dispuso a dormir; pero pasó la noche dando vueltas, totalmente incapaz de conciliar el sueño. Al día siguiente, antes de que rayara el alba, fue corriendo a despertar al santo y le dijo:

"¡Dame lo que te permite desprenderte tan fácilmente de este diamante!"

EL HIJO MÁS SAGAZ

Una historia de Etiopía cuenta, que un anciano en su lecho de muerte, llamo a sus tres hijos y les dijo:

— No puedo dividir en tres partes lo que poseo. Eso dejaría muy pocos bienes a cada uno de vosotros. He decidido dar todo lo que tengo, como herencia, al que se muestre más hábil, más inteligente, más astuto, más sagaz.

"Dicho de otra forma, a mi mejor hijo. He dejado encima de la mesa una moneda para cada uno de vosotros, Tomadla. El que logre comprar con esa moneda, algo con lo que pueda llenar la casa, se quedara con todas mis pertenencias". Los tres hijos tomaron cada quien su moneda y se apresuraron a salir en busca de la mejor compra, que les garantizaría la herencia del viejo.

El primer hijo compró varios sacos de paja. Los destapo y los empezó a vaciar con mucho cuidado, de tal manera que la paja no se aprensara y así lograr llenar el mayor espacio posible. Sus esfuerzos fueron en vano, pues aun poniendo en práctica sus astutas ideas, sólo consiguió llenar la mitad de la casa.

El segundo hijo compró sacos de plumas, y aunque hizo lo mejor que pudo, no consiguió llenar la casa mucho más que el anterior. El tercer hijo - quien consiguió la herencia - sólo compro un pequeño objeto... una vela. Espero el anochecer, encendió la vela y colocándola en un alto candelabro, consiguió llenar la casa de luz.

EL INVENTARIO

Aquel día lo vi distinto. Tenía la mirada enfocada en lo distante. Casi ausente. Pienso ahora que tal vez presentía que ese era el último día de su vida. Me aproximé y le dije: "¡Buen día, abuelo! " Y él extendió su silencio. Me senté junto a su sillón y luego de un misterioso instante, exclamó: "Hoy es día de inventario, hijo ". " ¿Inventario?" - pregunté sorprendido.

Sí. El inventario de las cosas perdidas - me contestó con cierta energía y no sé si con tristeza o alegría. Y prosiguió: "Del lugar de donde yo vengo, las montañas quiebran el cielo como monstruosas presencias constantes. Siempre tuve deseos de escalar la más alta. Nunca lo hice, no tuve el tiempo ni la voluntad suficientes para sobreponerme a mi inercia existencial...

"Recuerdo también a Cara, aquella chica que amé en silencio por cuatro años hasta que un día se marchó del pueblo, sin yo saberlo". ¿Sabes algo? También estuve a punto de estudiar ingeniería, pero mis padres no pudieron pagarme los estudios. Además, el trabajo en la carpintería de mi padre no me permitía viajar.

"¡Tantas cosas no concluidas, tantos amores no declarados, tantas oportunidades perdidas!" Luego, su mirada se hundió aún más en el vacío. Y continuó:

"En los treinta años que estuve casado con Rita, creo que sólo cuatro o cinco veces le dije 'te amo'". Luego de un breve silencio, regresó de su viaje mental y mirándome a los ojos me dijo: "Este es mi inventario de cosas perdidas, la revisión de mi vida. A mí ya no me sirve. A ti sí. Te lo dejo como regalo para que puedas hacer tu inventario a tiempo". Y luego, con cierta alegría en el rostro, continuó con entusiasmo y casi divertido:

— ¿Sabes qué he descubierto en estos días? – ¿Qué, abuelo?

– Aguardé unos segundos y no contestó, sólo me interrogo nuevamente: – ¿Cuál es el pecado más grave en la vida de un hombre?

– No lo había pensado, contesté con inseguridad, sorprendido por la pregunta –Supongo que matar a otros seres humanos, odiar al prójimo y desearle el mal. Tener malos pensamientos, ¿tal vez?– – Movió su cara de lado a lado, como reacción a mi respuesta errada. Me miró intensamente, como remarcando el momento y en tono grave y firme me señaló: – El pecado más grave en la vida de un ser humano, es el pecado por omisión. Y lo más doloroso, es descubrir las cosas perdidas sin tener tiempo para encontrarlas y recuperarlas. –

Al día siguiente, regresé temprano a casa, luego del entierro del abuelo, para realizar en forma urgente mi propio inventario de las cosas perdidas.

EL JOVEN ATEO

Hace unos 14 años, estaba revisando el registro de mis estudiantes universitarios para la sesión de apertura de mi clase sobre teología de la fe. Ese fue el primer día que vi a Tommy. Estaba peinando su largo cabello rubio, que colgaba 15 centímetros por debajo de sus hombros.

Sé que lo que está dentro de la cabeza, no sobre ella, es lo que cuenta; pero en ese tiempo yo no estaba preparado para Tommy, así que lo catalogué como problemático, muy problemático.

Tommy resultó ser el ateo residente de mi curso. Constantemente objetaba o se burlaba de la posibilidad de un Dios que amaba incondicionalmente. Así todos, vivimos en una paz relativa durante un semestre, aunque a veces era un dolor de cabeza.

Al final del curso, cuando entrego su examen, me preguntó en un tono un poco cínico:

— ¿Cree usted que encontraré a Dios alguna vez? Me decidí por un poco de terapia de choque.

— ¡No!, dije enfáticamente.

— ¡Ah! - respondió - Pensé que ese era el producto que estaba usted vendiendo. Lo deje dar cinco pasos hacia la puerta y luego lo llame:

— Tommy. ¡No creo que lo encuentres nunca, pero estoy seguro de que El te encontrará a Ti!

Tommy simplemente se encogió de hombros y se fue. Me sentí un poco desilusionado de que no recibió mi hábil mensaje. Un tiempo después de su graduación me llego un informe triste: Tommy tenía cáncer terminal. Antes de que yo pudiera buscarlo, él vino a mí.

Cuando entro en mi oficina, su cuerpo estaba muy deteriorado y su largo cabello se había caído a causa de la quimioterapia. Pero sus ojos eran brillantes y su voz firme como nunca lo había escuchado.

— Tommy, he pensado mucho en ti. Supe que estás enfermo, le dije.

— Sí, muy enfermo, profesor. Tengo cáncer. Es cuestión de semanas.

— ¿Puedes hablar de ello?

– Seguro, ¿qué le gustaría saber?

– ¿Qué se siente saber que tienes 24 años y estás muriendo?

– ¡Bueno, podría ser peor!

– ¿Como qué?

– Bueno, como tener 50 años y no tener valores o ideales. Como tener 50 años y pensar que beber, seducir mujeres y hacer dinero son las cosas más importantes de la vida... Pero vine a verlo realmente por algo que me dijo el último día de clase. Le pregunté si usted pensaba que alguna vez encontraría a Dios y usted me dijo que no, lo cual me sorprendió. Luego me dijo:

"Pero El te encontrará a ti". Pensé mucho en eso, aunque mi búsqueda no fue para nada intensa entonces. Pero cuando los doctores quitaron un bulto de mi ingle y me dijeron que era maligno, tomé muy en serio localizar a Dios. Y cuando la malignidad se diseminó a mis órganos vitales, comencé realmente a golpear las puertas del cielo. Pero nada sucedió.

Bien, un día me desperté y, en lugar de lanzar más peticiones inútiles a Dios que puede o no existir, simplemente me di por vencido. No me importaba Dios ni la otra vida ni nada por el estilo. Decidí entonces pasar el tiempo que me queda, haciendo algo más provechoso.

Pensé en usted y en algo que había dicho en una de sus conferencias:"La tristeza esencial es ir por la vida sin amar. Pero sería igualmente triste dejar este mundo sin decirles a los que amas que los has amado".

Así que empecé con el más difícil de todos: mi padre. Estaba él leyendo el periódico cuando me acerqué le dije: – "Papá, me gustaría hablar contigo. Quiero decirte que esto es importante para mí, Papá".

Bajo su periódico lentamente como unos 10 centímetros y me pregunto:

– ¿De qué se trata?

– Papá, te quiero. Simplemente quería que lo supieras.

Tommy sonrió y dijo con evidente satisfacción, como si sintiera que una alegría cálida y secreta surgiera dentro de él:

– El periódico cayó al piso. Entonces, mi padre hizo dos cosas que no recordaba hubiera hecho antes: lloró y me abrazó. Y hablamos toda la noche, aunque él tenía que trabajar al día siguiente. Fue más fácil con mi Mamá y mi hermanito. También lloraron conmigo y nos abrazamos y compartimos cosas que habíamos guardado en secreto por muchos años. Sólo sentí haber esperado tanto tiempo. Aquí estaba yo, a la sombra de la muerte, y apenas comenzaba a sincerarme con las personas que estaban cerca de mí.

De pronto, un día Dios ya estaba allí.

No vino a mi cuando se lo suplique.

Aparentemente, Dios hace las cosas a SU MANERA y en su MOMENTO. Lo importante es que usted tenía razón. El me encontró aunque yo había dejado de buscarlo.

Tommy, respondí, creo que estás diciendo algo muy profundo. Estás diciendo que la manera más segura de encontrar a Dios no es tratando de convertirlo en una propiedad privada sino abriéndose al AMOR... Tommy, ¿podrías hacerme un favor? ¿Vendrías a mi clase de teología de la fe a decir a mis estudiantes lo que me acabas de contar?

Aunque programamos una fecha, no pudo lograrlo. Por supuesto, su vida no terminó realmente con su muerte, sólo cambio. Dio el gran paso de la fe a la visión. Encontró una vida mucho más hermosa de lo que el ojo del hombre ha visto nunca, o la mente del hombre ha imaginado jamás.

Antes de que muriera, hablamos por última vez:

— No voy a poder ir a su clase, me dijo.

— Lo sé Tommy.

—¿Se lo dirá usted a todos por mí? ¿Se lo dirá a todo el mundo por mí?

— Lo haré, Tommy. Se lo diré.

El joven del brazo izquierdo

Un muchacho de 10 años había sufrido un trágico accidente y a consecuencia de esto le tuvieron que amputar el brazo izquierdo. El muchacho se recuperó moralmente y decidió aprender el judo. Su Sensai (maestro) era un anciano chino experto en este arte marcial.

Después de tres meses, el muchacho había aprendido sólo un movimiento y le pidió a su maestro que le enseñara otros. El sabio Sensai le dijo que, a causa de que él solamente tenía un brazo, esto era todo lo que él podría aprender.

Poco después, el muchacho entró en un torneo dónde logró calificar en los juegos semifinales ante un rival más grande y más experimentado. No parecía que el muchacho pudiese ganar. Después de una larga lucha, su oponente empezó a perder la concentración. El joven aprovechó esto y logró tirar al suelo a su superior rival.

En el camino a casa, el muchacho le preguntó a su Sensai. "¿Cómo fue que pude ganar con sólo un movimiento?" El Sensai le contestó: "Tú has logrado casi dominar uno de los movimientos más difíciles en todo el judo. Y, la única defensa contra ese movimiento, era que tu rival te agarrase de tu brazo izquierdo; pero como tú no tienes brazo izquierdo, esa debilidad fue la que te hizo ganar".

El orificio en el barco

Un hombre que tenía fama de ser un buen pintor, fue llamado a una playa cercana para pintar un barco. Fue a su cuarto de herramientas, seleccionó algunas pinturas, agarró unas brochas, y salió para la playa dispuesto a trabajar. El dueño del barco lo esperaba en la playa para darle indicaciones, quería que su barco luciera espectacular, así que el pintor se tendría que esmerar, para hacer de este trabajo toda una obra de arte.

Luego de dar las indicaciones, el dueño del barco se marchó, confiado en que el pintor contratado haría un excelente trabajo. El pintor comenzó a pintar el barco. Pasaba la brocha de arriba hacia abajo y de abajo hacia arriba, una y otra vez. La parte recién pintada del barco lucía maravillosa, los rayos del sol saliente se estrellaban suavemente contra la fina capa de pintura roja, que cubría la madera del barco.

Mientras pintaba, el hombre verificó que la tinta estaba pasando por el fondo del barco. Percibió que había un orificio, "Bueno, un barco recién pintado no puede tener un orificio, le restaría vista al inmueble". El pintor sin pensarlo más, decidió repararlo. Fue y buscó algún material apropiado para reparar el orificio, de tal manera que el agua no se colara más. Luego siguió pintando un poco más, hasta terminar todo el barco. Le echó un vistazo al trabajo que había hecho, y se sentía satisfecho; de hecho, el barco había quedado hermoso, y la parte donde tenía el orificio, ni siquiera se notaba en lo más mínimo.

Cuando terminó su trabajo, el pintor se fue a su casa donde el próximo día, el dueño del barco le pagaría por sus servicios. Esa noche el señor del barco no pudo dormir. Tan pronto como la pintura del barco se secó, sus hijos que deseaban navegar de noche, se lo habían llevado. Al día siguiente por la mañana, el señor del barco, sin haber conciliado el sueño ni un minuto en toda la noche, se quedó muy sorprendido de lo que miraba. Sus dos hijos regresaban fascinados por el viaje que habían hecho durante la noche.

El señor, luego de revisar el barco, corrió a la casa del pintor. "Muy buenos días tenga usted, aquí tiene el dinero por su trabajo", dijo el señor, entregándole un cheque, de una suma diez veces más de lo acordado. "¡Pero señor, que hace, esto es mucho más dinero del que debo recibir!". – Mi querido amigo, usted no comprende, déjeme contarle lo que sucedió. Cuando le pedí que pintase el barco, olvidé de hablarle del orificio. Cuando el barco se secó, mis hijos se subieron y salieron de pesca. Yo no estaba en casa en ese momento. Cuando volví y me di cuenta de que habían salido con el barco, quedé desesperado pues recordé que el barco tenía un agujero.

"Imagine mi alivio y alegría cuando los vi retornando sanos y salvos. ¡Entonces, examiné el barco y constaté que usted lo había reparado! ¿Percibe ahora, lo que hizo?, ¡salvó la vida de mis hijos! No tengo dinero suficiente para pagarle por su 'pequeña' buena acción".

EL OTRO

Un sujeto encuentra a un viejo amigo, que vive tratando de acertar en la vida, sin resultado.

"Voy a tener que darle un poco de dinero", piensa.

Sucede que, esa noche, descubre que su amigo es rico, y que ha venido a pagar todas las deudas que ha contraído en el correr de los años.

Van hasta un bar que solían frecuentar juntos, y él paga la bebida de todos. Cuando le preguntan la razón de tanto éxito, él responde que hasta unos días había estado viviendo el Otro.

— ¿Qué es el Otro? - preguntan.

— El Otro es aquel que me enseñaron a ser, pero que no soy yo. El Otro cree que la obligación del hombre es pasar la vida entera pensando en cómo reunir dinero para no morir de hambre al llegar a viejo. Tanto piensa, y tanto planifica, que sólo descubre que está vivo cuando sus días en la tierra están a punto de terminar. Pero entonces ya es demasiado tarde.

— ¿Y tú, quién eres?

— Yo soy lo que es cualquiera de nosotros, si escucha su corazón. Una persona que se deslumbra ante el misterio de la vida, que está abierta a los milagros, que siente alegría y entusiasmo por lo que hace. Sólo que el Otro, temiendo desilusionarse, no me dejaba actuar.

— Pero existe el sufrimiento - dicen las personas del bar.

— Existen derrotas. Pero nadie está a salvo de ellas. Por eso, es mejor perder algunos combates en la lucha por nuestros sueños que ser derrotado sin siquiera saber por qué se está luchando.

— ¿Sólo eso? - preguntaron las personas del bar.

— Sí. Cuando descubrí eso, decidí ser lo que realmente deseé. El Otro se quedo allí, en mi habitación, mirándome, pero no lo dejé entrar nunca más, aunque algunas veces intenta asustarme, alertándome de los riesgos de no pensar en el futuro.

"Desde el momento que expulsé al Otro de mi vida la energía divina obró sus milagros".

El paquete de galletas

En el andén de la vida... Cuando aquella tarde llegó a la vieja estación le informaron que el tren en el que ella viajaría se retrasaría aproximadamente una hora. La elegante señora, un poco fastidiada, compró una revista, un paquete de galletas y una botella de agua para pasar el tiempo. Buscó en el andén central y se sentó preparada para la espera.

Mientras hojeaba su revista, un joven se sentó a su lado y comenzó a leer un diario. Impresionada, la señora observó como aquel muchacho, sin decir una sola palabra, estiraba la mano, agarraba el paquete de galletas, lo abría y comenzaba a comerlas, una a una, despreocupadamente. La mujer se molestó por esto, no quería ser grosera, pero tampoco dejar pasar aquella situación o hacer de cuenta que nada había pasado; así que con un gesto exagerado, tomó el paquete y tomó una galleta, la exhibió frente al joven y se la comió mirándolo fijamente a los ojos.

Como respuesta, el joven tomó otra galleta y mirándola la puso en su boca y sonrió. La señora ya enojada tomó una nueva galleta y, con ostensibles señales de fastidio, volvió a comer otra, manteniendo de nuevo la mirada en el muchacho. El dialogo de miradas y sonrisas continuó entre galleta y galleta. La señora cada vez más irritada, y el muchacho cada vez más sonriente. Finalmente, la señora se dio cuenta de que en el paquete sólo quedaba la última galleta. "No podría ser tan descarado", pensó mientras miraba alternativamente al joven y al paquete de galletas.

Con calma el joven alargó la mano, tomó la última galleta, y con mucha suavidad, la partió exactamente por la mitad. Así, con un gesto amoroso, ofreció la mitad de la última galleta a su compañera de banco. "¡Gracias!", dijo la mujer tomando con rudeza aquella mitad. "De nada", contestó el joven sonriendo suavemente mientras comía su mitad. Entonces el tren anunció su partida… La señora se levantó furiosa de su banco y subió al vagón.

Al arrancar, desde la ventanilla de su asiento vio al muchacho todavía sentado en el andén y pensó: "¡Qué insolente, qué mal educado, qué ser de nuestro mundo!". Sin dejar de mirar con resentimiento al joven, sintió la boca reseca por el disgusto que aquella situación le había provocado. Abrió su bolso para sacar la botella de agua y se quedó totalmente sorprendida cuando encontró, dentro de su cartera, su paquete de galletas intacto.

EL PORTAL DE ORO

En una ciudad nacieron dos hombres, el mismo día, a la misma hora en el mismo lugar. Sus vidas se desarrollaron y cada uno vivió muchas experiencias diferentes. Al final de sus vidas ambos murieron el mismo día, a la misma hora, en el mismo lugar. De acuerdo a la leyenda se dice que al morir tenemos que pasar por un gran portal de oro puro, donde allí un guardián, nos hace ciertas preguntas para permitirnos pasar.

El primer hombre llego y el guardián le pregunta: "¿Qué fue de tu vida?" El responde: "conocí muchos lugares, tuve muchos amigos, hice negocios que produjeron grandes riquezas, mi familia tuvo lo mejor y trabajé duro". El guardián le pregunta: "¿Qué traes contigo?" El responde: "Todo ha quedado allí no traigo nada". Ante esto el guardián responde: "Lo siento no puedes pasar por no traer nada contigo".

Al escuchar estas palabras el hombre llorando y con gran pena en su corazón se sienta a un lado a sufrir el dolor de no poder entrar.... El segundo hombre llegó y el guardián le pregunta: ¿Qué fue de tu vida? El responde: "desde el momento en que nací, fui un caminante, no tuve riqueza, sólo busqué el amor en los corazones de todos los hombres, mi familia me abandonó y en realidad no tuve nada".

El guardián le pregunta: "¿Encontraste lo que buscabas?" Él le responde: "Sí, ha sido mi único alimento desde que lo encontré". El guardián responde: "¡muy bien puedes pasar!" Pero ante esta respuesta el hombre responde: "El amor que he encontrado es tan grande que lo quiero compartir con este hombre sentado al lado del portal, sufriendo por su fortuna". Dice la leyenda que su amor era tan grande que fue suficiente para que ambos pasaran por el portal.

El precio del odio y el perdón

Descubro en mis anotaciones de 1989 unos apuntes de una conversación con J., a quien llamo "mi maestro". En aquella época, hablábamos de un desconocido místico llamado Kenan Rifai, sobre el que se ha escrito muy poco.

— Kenan Rifai dice que cuando los demás nos elogian, debemos prestar atención a nuestro comportamiento — dice J. —, ya que eso significa que ocultamos muy bien nuestros defectos. Podemos terminar creyendo que somos mejores de lo que pensamos, y de ahí a dejarse dominar por un falso sentimiento de seguridad, que en realidad nos rodea de peligro.

— ¿Cómo prestar atención a las oportunidades que nos da la vida?

— Si tienes sólo dos oportunidades, aprende a transformarlas en doce. Cuando tengas doce, ellas se multiplicarán por sí solas. Por eso dice Jesús: "al que tiene, más le será dado, y tendrá en abundancia; pero al que no tiene, aun lo poco que tiene le será arrebatado". Es una de las frases más duras del evangelio, pero con el pasar de los años, he comprobado que es absolutamente cierta. Sin embargo, ¿cómo puede uno reconocer las oportunidades?

Presta atención a todos los momentos, porque la oportunidad, el "instante mágico", está a nuestro alcance, aunque siempre lo dejemos pasar por nuestro sentimiento de culpa. Por lo tanto, no pierdas el tiempo culpándote: el universo se encargará de corregirte, si tú no eres digno de lo que estás haciendo.

— ¿Y cómo me corregirá el universo?

— No será a través de tragedias; éstas suceden porque son parte de la vida, y no deben ser encaradas como un castigo. Generalmente, el universo nos indica que estamos equivocados quitándonos lo más importante que tenemos: nuestros amigos.

Kenan Rifai fue un hombre que ayudó a mucha gente a encontrarse a sí misma, y a alcanzar una relación armoniosa con la vida. Pese a ello, algunas de estas personas resultaron ser bastante desagradecidas, y ni siquiera se molestaron en decir "gracias". Sólo cuando se sintieron de nuevo confundidas, decidieron acudir a él otra vez. Rifai volvió a ayudarlas, sin hacer ninguna referencia al pasado: era un hombre de muchos amigos, y los ingratos siempre acababan solos.

— Son bellas palabras, pero no sé si yo podría perdonar la ingratitud con tanta facilidad.

— Es muy difícil. Pero no hay elección: si no perdonas, pensarás en el dolor que te han causado, y este dolor no terminará nunca.

"No quiero decir que te debe gustar aquél que te hace daño. No quiero decir que vuelvas a vivir con esta persona. No estoy sugiriendo que la veas como un ángel, o como alguien que actuó inconscientemente, sin intención de herir. Tan sólo digo que la energía del odio no te llevará a ninguna parte; pero la energía del perdón, que se manifiesta a través del amor, conseguirá transformar positivamente tu vida.

— Me han hecho daño muchas veces.

— Por eso llevas todavía dentro de ti al niño que lloraba escondido de sus padres, al niño más enclenque de la escuela. Todavía llevas las marcas del niño flacucho que nunca enamoraba a las chicas, que jamás destacó en ningún deporte. No has logrado restañar las heridas de las injusticias que han cometido hacia ti a lo largo de tu vida. Y así, ¿qué has conseguido?

"Nada. Absolutamente nada. Sólo un deseo constante de sentir piedad de ti mismo, porque fuiste víctima de los que eran más fuertes que tú, o de actuar como un vengador presto a herir a quien te ofendió. ¿No crees que estás perdiendo el tiempo?"

— Creo que es humano.

— Por supuesto que es humano. Pero no es inteligente ni razonable. Ten respeto por tu tiempo en este mundo, recuerda que Dios siempre te ha perdonado, y perdona tú también.

Después de esta conversación con J., que tuvo lugar poco antes de mi viaje para pasar cuarenta días en el desierto de Mojave, en los Estados Unidos, empecé a entender mejor al niño, al adolescente, al adulto herido que había sido un día.

Una tarde, yendo del Valle de la Muerte (California) hacia Tucson (Arizona), hice mentalmente una lista de todas las personas a las que pensaba que debía odiar porque me habían hecho daño. Fui perdonándolos uno a uno, y seis horas después, en Tucson, mi alma se sentía más leve, y mi vida cambió para mucho mejor.

EL RELATO DE UN ARTISTA

Esta es la historia de un artista que, insatisfecho con su trabajo, un día le dijo a su esposa: "Me voy a ir de viaje. Necesito encontrar mi inspiración para pintar mi obra maestra".

Viajo por muchos países, vio cosas muy hermosas, pero no encontraba lo que andaba buscando. Un día salió a pasear, detuvo a una novia en el día de su boda y le preguntó: "Dime, por favor, qué es para ti lo más hermoso del mundo". Ella le contesta con mucha naturalidad: ¡EL AMOR!

El artista continúo su camino descorazonado. ¿Cómo pintar el AMOR? Poco tiempo después, encontró a un soldado que volvía de la guerra; el artista le preguntó: "¿Qué es la cosa más hermosa del mundo?" El soldado le contesto sin dudar ¡LA PAZ! El artista muy triste se preguntaba ¿Cómo pintar LA PAZ? Siguiendo en su búsqueda, se acercó a un sacerdote que iba camino a su iglesia y le hizo la misma pregunta. "Hijo mío, LA VIDA es la cosa más bella del mundo". El artista quedó muy decepcionado ¿Cómo podía el pintar un cuadro de la vida?

Casi desesperado, después de tanta indagación frustrada, volvió para su casa, cansado de cuerpo y de espíritu. A su llegada, su esposa lo recibió con mucha ternura y calor. Y el artista encontró EL AMOR del que le había hablado la novia. Todo en su hogar respiraba tranquilidad y seguridad. Era LA PAZ de la que hablaba el soldado. Y cuando sus hijos lo besaban vio en sus ojos de niños... LA VIDA descrita por el sacerdote.

Feliz, encontró la inspiración que tanto había buscado fuera de su casa... ¡EN SU FAMILIA!

EL REY Y LAS MULETAS

Había una vez un reino, cuyo Rey se caracterizaba por su infinita bondad. Y así, su reino se manifestaba como fiel reflejo de esa bondad, ya que era simplemente perfecto. Quienes allí vivían no sabían de sufrimientos ni necesidades, vivían en la plenitud de la vida. Pero ocurrió que un grupo de ciudadanos de aquel reino, ciudadanos por legítima herencia de sangre, vivían en una comarca lejana, sin poder disfrutar de las delicias que su ciudadanía les garantizaba. ¡Si pudiera tan sólo llegar al reino!

¿Por qué no iban allí entonces? La historia cuenta que por una deformación genética, desde su nacimiento, todos los habitantes de la comarca sufrían de una severa incapacidad para caminar. ¡Simplemente no podían ir por sus propios medios al reino, sin realizar un gran esfuerzo! Y así vivían, arrastrándose algunos (hasta pareciéndose por momentos a las serpientes que andaban por la comarca), otros erguidos con gran esfuerzo para al menos lucir dignos, y unos pocos esforzándose por llegar al reino, añorando estar con el Rey bueno.

Algunos llegaron al reino y le contaron al Rey sobre lo que ocurría en la comarca. Fue entonces que él decidió ayudarlos para que se esforzaran, para que se esmeraran en llegar hasta él. El Rey bueno envió mensajero tras mensajero, pero con tristeza recibió noticias desalentadoras a su regreso: ¡se habían acostumbrado a vivir arrastrándose muchos de ellos, y ya ni siquiera pensaban en tratar de ir al reino!

Hasta estaban orgullosos de su incapacidad de caminar, habían transformado su deformación de nacimiento en algo natural, se envanecían de sus defectos. El Rey, entonces, envió uno y otro mensajero con el mismo resultado, quedando muchas noches triste y llorando en su palacio.

Un día, el Rey pensó que sería bueno hacer un esfuerzo final, uno definitivo. ¡Enviaría a su propio hijo, para enseñarles y relatarles lo hermoso que es su reino, para invitarlos! E ideó también algo maravilloso: les enseñaría a construir muletas, muletas que podrían usar para caminar hasta el hogar paterno. El plan era perfecto, no podía fallar, pensó el Rey.

Sin dudas que sería la forma de salvar a los habitantes de aquella comarca lejana, de traerlos de nuevo a casa: su hijo llevaría la enseñanza, el deseo de volver al reino, y las muletas que les dejaría serían el medio para caminar hasta casa nuevamente. El hijo del Rey fue a la comarca, vivió con ellos, y cumplió con creces su cometido.

Sólo que fueron pocos los que lo escucharon, los que lo amaron y aprendieron lo enseñado. Su invitación a ir a la casa de su padre ofendió a muchos, a quienes se habían acostumbrado a vivir arrastrándose, haciendo de ello la razón de su vida. Las muletas, de tal modo, fueron tomadas por ellos como signo de amenaza, de agresión. El hijo del Rey, entonces, fue perseguido y maltratado, hasta extremos indecibles.

Pero, habiendo cumplido su misión, regresó a la casa de su padre para gozar de su abrazo y amor infinito. ¡La comarca tenía ahora lo necesario para salvarse! Sus enseñanzas prendieron con fuerza, y movieron a muchos a valorar y utilizar las muletas como modo de erguirse y dirigirse al reino prometido.

Fueron tiempos felices, donde cientos y hasta miles de habitantes de la comarca entraron con sus muletas a la casa del Rey. Pero, tristemente, con el tiempo muchos de los habitantes del lugar de los lisiados se olvidaron de la verdadera finalidad de las muletas: ¡era el medio de llegar a casa, y no lo veían!

Algunos empezaron a usarlas para caminar por la comarca, sin dirigirse al reino, otros empezaron a modificarlas para hacerlas distintas, hasta hacerlas inútiles y motivo de discordia, usándolas incluso para golpearse entre ellos. Las transformaron en objetos extraños que no se sabía para que sirvieran.

Algunos, finalmente, repudiaron las muletas hasta odiarlas, prefiriendo arrastrarse por la comarca día y noche antes que utilizarlas, y ni pensar de desear ir a la casa del Rey bueno. Mientras tanto, en estos tiempos tristes, unos pocos llegaban a las puertas del reino utilizando sus muletas.

Allí el Rey y su hijo los esperaban felices hasta el extremo, para alegría de todo el pueblo que celebraba el retorno de un miembro más de la nación del Rey bueno.

En la comarca, las enseñanzas del hijo habían dejado sus huellas, pero se debatían entre las disputas generadas entre los que habían transformado las muletas en un instrumento inútil, entre los que las odiaban y repudiaban, y entre quienes sólo querían enseñar al pueblo a utilizarlas del modo correcto, como muestra del amor que les había enseñado el hijo del Rey.

El salmon que busco las alturas para morir

He meditado profundamente en el interior sereno y acogedor de mi conciencia, ahí donde El y yo somos uno, en donde yo y El sabemos hablar, ahí, en ese interior de mi espíritu, en donde significo el sentido de mi vida, en donde doy razones para vivir, y me esfuerzo para moverme en la adversidad en mi esfuerzo de nadar contra corriente.

¡Si!, como el salmón, como ese pez que lucha en las hondonadas, en las aguas bajas, en las acequias, en las pocas lluvias, en la fauna que le busca para alimentarse, en la contracorriente de la incomprensión, en la burla del envidioso; en los ataques de una fauna que busca debilitar el espíritu para igualar condiciones en la tentación mundana, pretendiendo justificarse, ahí, en donde el salmon tiene que buscar llegar a librar obstáculos como las grandes cascadas, que lo retienen en la frustración, intentándolo siempre sin desmayo, con constancia, y con tan sólo su fe.

Y más adelante, otro y otro obstáculo, uno más y otro más, pareciera que cada uno fuese más grande que el otro, en momentos de aguas tranquilas se confunden con espejismos de metas efímeras, y dan la confianza para desfallecer, sin embargo, el salmón bien sabe que será en la cumbre hasta allá, hasta lo más alto, en donde pocos alcanzan a llegar, en donde deberá desovar, en donde la vida dará vida, y ahí morirá, para vivir, para...
Vivir eternamente.

EL SECRETO DE LA FELICIDAD

Hace muchísimos años vivía un sabio, de quien se decía que guardaba en un cofre encantado un gran secreto que lo hacía ser un triunfador en todos los aspectos de su vida y que naturalmente, por eso se consideraba el hombre más feliz de la tierra.

Como de costumbre muchos reyes, envidiosos le ofrecían poder y dinero y cuanto se le puede ofrecer a un sabio, y llegaron al colmo de hasta intentar robarlo para obtener el cofre, pero todo era en vano, mientras más lo intentaba, más infelices eran, pues la envidia no los dejaba vivir...

Así pasaban los años y el sabio era cada vez más feliz, pero... Un día llego ante él un hombre y le dijo: "Señor sabio, al igual que tú, también quiero ser inmensamente feliz... ¿Por qué no me enseñas todo lo que debo hacer para conseguirlo?" El sabio, por supuesto, al ver la sencillez y la pureza del hombre, le dijo:

"A ti te enseñare el secreto para ser feliz, ven conmigo y presta mucha atención, en realidad son dos cofres en donde guardo el secreto para ser completamente feliz y estos cofres son mi mente y mi corazón y el gran secreto que estos cofres guardan no es otro que una serie de pasos que debes seguir a lo largo de tu vida...

"El primer paso, es saber que existe la presencia de Dios en todas las cosas de la vida, y por lo tanto, debes amarlo y darle gracias todos los días por todas las cosas que tienes. El segundo paso, debes quererte a ti mismo, pero...muchísimo y todos los días al levantarte y al acostarte, debes afirmar: yo soy importante yo valgo, soy capaz, soy inteligente, soy cariñoso, espero mucho de mí, no hay obstáculo que no puedan vencer...

"El tercer paso, debes poner en práctica todo lo que dices que eres, es decir, si piensas que eres inteligente, actúa inteligentemente; si piensas que eres capaz, haz lo que te propones; si piensa que eres cariñoso expresa tu cariño a las personas que amas; si piensas que no hay obstáculos que no dudes vencer, entonces proponte metas en tu vida y lucha por ellas hasta lograrlas.

"El cuarto paso, no debes envidiar a nadie por lo que tiene o por lo que es, pues esto llena tu corazón de rabia... Ellos alcanzaron su meta, logra tú ahora las tuyas...El quinto paso, no debes almacenar en tu corazón rencor hacia nadie ni nada; este sentimiento no te dejara ser feliz, y si alguien te ha herido deja que las leyes de Dios hagan justicia y tú perdona y olvida...

"El sexto paso, es que no debes tomar las cosas que no te pertenecen, recuerda que de acuerdo a las leyes de la naturaleza, si lo haces mañana te quitaran algo de más valor. El séptimo pasó, no debes maltratar a nadie, todos los seres del mundo tenemos derecho a que se nos respete y se nos quiera. Y por último, una de las cosas más importantes en esta vida, levántate siempre con una sonrisa a flor de labios, observa a tu alrededor y descubre en todas las cosas el lado bueno y bello de la vida.

Piensa en lo afortunado que eres al tener todo lo que tienes. Ayuda a los demás sin pensar que vas a recibir nada a cambio, mira a las personas y descubre en ellas sus cualidades y dale también a ellos el secreto para ser triunfadores y que de esta manera , puedan ser también felices"...Aplica estos pasos y verás qué fácil es ser feliz.

El secreto para cambiar al mundo

Un científico, que vivía preocupado con los problemas del mundo, estaba resuelto a encontrar los medios para aminorarlos. Pasaba días en su laboratorio en busca de respuestas para sus dudas. Cierto día, su hijo de 7 años invadió su santuario decidido a ayudarlo a trabajar. El científico, nervioso por la interrupción, le pidió al niño que fuese a jugar a otro lado.

Viendo que era imposible sacarlo, el padre pensó en algo que pudiese darle con el objeto de distraer su atención. De repente se encontró con una revista en donde venía el mapa del mundo, ¡justo lo que precisaba! Con unas tijeras recortó el mapa en varios pedazos y junto con un rollo de cinta se lo entrego a su hijo diciendo: "como te gustan los rompecabezas, te voy a dar el mundo todo roto, para que lo repares sin ayuda de nadie'.

Entonces calculó que al pequeño le llevaría días componer el mapa, pero no fue así. Pasadas algunas horas, escuchó la voz del niño que lo llamaba calmadamente. "Papá, Papá, ya hice todo, conseguí terminarlo". Al principio el padre no dio crédito a las palabras del niño. Pensó que sería imposible que, a su edad, haya conseguido recomponer un mapa que jamás había visto antes.

Desconfiado, el científico levantó la vista de sus anotaciones con la certeza de que vería el trabajo digno de un niño. Para su sorpresa, el mapa estaba completo. Todos los pedazos habían sido colocados en sus debidos lugares. ¿Cómo era posible? ¿Cómo el niño había sido capaz? – "Hijito, tú no sabías como era el mundo, ¿Cómo lograste armarlo?"

– "Papa, yo no sabía cómo era el mundo, pero cuando sacaste el mapa de la revista para recortarlo, vi que del otro lado estaba la figura de un hombre. Así que di vuelta a los recortes y comencé a recomponer al hombre, que si sabía cómo era. Cuando conseguí arreglar al hombre, di vuelta a la hoja y descubrí que había arreglado al mundo.

EL SEGUNDO TRAJE

C ierta vez un hombre visitó a su Rabí y le relato su problema.

"Rabí, soy un sastre. Con los años he ganado una excelente reputación por mi experiencia y alta calidad de mi trabajo. Todos los nobles de los alrededores me encargan sus trajes y los vestidos de sus esposas. Hace algunos meses recibí el encargo más importante de mi vida:

"El príncipe en persona escuchó de mí y me solicitó que le cosiera un ropaje con la seda más fina que fuera posible conseguir en el país. Puse los mejores materiales e hice mi mejor esfuerzo. Quería demostrar mi arte y que éste trabajo me abriera las puertas a una vida de éxito y opulencia. Pero cuando le presente la prenda terminada, el príncipe comenzó a gritarme e insultarme.

« ¿Es esto lo mejor que puedes hacer? ¡Es una atrocidad! ¿Quién te enseño a coser?» Me ordenó que me retirara y arrojó el traje tras de mí. Rabí, estoy arruinado. Todo mi capital estaba invertido en esa vestimenta, y peor aún, mi reputación ha sido totalmente destruida. Nadie volverá a encargarme una prenda luego de esto. ¡No entiendo que sucedió, ha sido la mejor prenda que he hecho en años!" El Rabí le contesto:

"Vuelve a tu negocio, descose cada una de las puntadas de la prenda y vuelve a coserlas exactamente como lo habías hecho antes. Luego, llévala al príncipe de nuevo".

"Pero, obtendré el mismo traje que tengo ahora" - protesto el sastre. "Además, mi estado de ánimo no es el mismo".

"Haz lo que te indico y Dios te ayudará" - dijo el Rabí. Dos semanas después, el sastre retorno:

"Rabí, usted ha salvado mi vida. Cuando le presenté nuevamente el traje al príncipe, su rostro se iluminó y exclamó: « ¡Este es el traje más hermoso y delicado que haya visto en toda mi vida!» Me pagó generosamente y prometió entregarme más trabajo y recomendarme a sus amigos. Pero Rabí, deseo saber ¿cuál era la diferencia entre el primer traje y el segundo?

El Rabí le explico:

"El primer traje fue cosido con arrogancia y orgullo. El resultado fue una vestimenta espiritualmente repulsiva que, aunque técnicamente perfecta, carecía de gracia y belleza. Sin embargo, la segunda costura fue hecha con humildad y con el corazón quebrantado, transmitiendo una belleza esencial que provocaba admiración en quien la veía".

EL SUEÑO DE MARÍA

Tuve un sueño, José. No lo puedo comprender, realmente no, pero creo que se trataba del nacimiento de nuestro hijo. Creo que si era acerca de eso. La gente estaba haciendo los preparativos con seis semanas de anticipación. Decoraban las casas y compraban ropa nueva, salían de compras muchas veces y adquirían elaborados regalos.

Era muy peculiar, ya que los regalos no eran para nuestro hijo. Los envolvían con hermosos papeles y los ataban con preciosos moños, y todo lo colocaban debajo de un árbol. Sí, un árbol, José, dentro de sus casas. Esta gente estaba decorando el árbol también. Las ramas llenas de esferas y adornos que brillaban. Había una figura en lo alto del árbol. Me parecía ver un ángel. ¡Oh! Era verdaderamente hermosa.

Toda la gente estaba feliz y sonriente. Todos estaban emocionados por los regalos, se los intercambiaban unos con otros. José, no quedó alguno para nuestro hijo. ¿Sabes? creo que ni siquiera lo conocen, pues nunca mencionaron su nombre. ¿No te parece extraño que la gente se meta en tantos problemas para celebrar el cumpleaños de alguien que ni siquiera conocen?.

Tuve la extraña sensación de que si nuestro hijo hubiera estado en la celebración hubiese sido un intruso solamente. Todo estaba tan hermoso, José, y todo el mundo tan feliz; pero yo sentí enorme ganas de llorar. Qué tristeza para Jesús, no querer ser deseado en su propia fiesta de cumpleaños. Estoy contenta porque sólo fue un sueño. Pero que terrible José, si eso hubiese sido realidad".

El túnel de la vida

Un hombre estaba pasando por un momento difícil de su vida. Anímicamente, se sentía decaído, y últimamente todo le había salido pésimo. Por eso, decidió tomarse unos días de vacaciones y salir a pasear con su familia por el interior del país.

Una vez arreglados los detalles y ya en la ruta, su mente recorrió todos los sinsabores que la vida le había deparado durante los últimos meses. La esposa iba sentada en el asiento del acompañante y solo rompía su silencio para retar al hijo que saltaba en el asiento trasero. La tristeza de su marido había terminado por contagiarla.

El, mientras manejaba, empezó a recordar otros episodios más lejanos en el tiempo: Su casamiento por la Iglesia, el bautismo de su hijo, la educación cristiana que se propuso darle, las reuniones en la parroquia y otras cosas que él había ofrecido a Dios.

Esas imágenes aparecieron en su mente, porque se contradecían con lo terrible que era su vida últimamente: la muerte de sus padres, los problemas laborales y económicos, la ruptura con sus amistades, la pérdida del segundo embarazo de su esposa y los problemas familiares, entre otras cosas, lo sumieron en una gran oscuridad que le hizo replantarse un montón de cosas, entre ellas, su relación con Dios…

Si Dios había estado tanto tiempo con él, ¿por qué lo había abandonado? ¿Sería que nunca lo había acompañado? ¿Sería que vivió engañado, con un Dios que lo había dejado librado a su suerte? ¿O sería una ilusión y Dios era un invento que nunca existió en realidad?

Mientras se desgarraba por dentro en sus razonamientos, el hijito disfrutaba enormemente de los rayos del sol que entraban por el vidrio trasero. Hacía sombra con sus pequeñas manos y oía como su padre protestaba por la congestión de tránsito en la ruta, en lugar de sonreír (como lo hacía antes con sus juegos).

De repente, el niño abrió grande sus ojitos, pues entraron en un túnel, y como el tránsito estaba lento, tardaban en salir de él. Pasaban los minutos que para el niño eran siglos, pues extrañaba la luz que le producía alegría. Su preocupación iba en aumento. En su hermosa inocencia y candidez, se preguntaba si alguna vez volvería a ver el sol, y aunque no fuera tal, se sentía en la más absoluta oscuridad. La tristeza y el miedo se fueron apoderando de él, y hasta sentía ganas de regañar al sol por no estar allí.

Cuando estuvo a punto de ponerse a llorar, un brillante rayo de luz lo estremeció. El túnel había quedado atrás. La luminosidad le parecía enormemente más fantástica que antes, pues el tiempo de oscuridad le hacía disfrutar ahora mucho más de la luz. Y, mirando hacia atrás, veía el enorme sol que siempre había estado brillando sobre el túnel.

Entonces, con gran alegría dijo a Papá: ¡Que tonto! Pensé que el sol no saldría más.

El verdadero sustento de las parejas

Un famoso maestro se encontró frente a un grupo de jóvenes que estaban en contra del matrimonio, los muchachos argumentaban que en el romanticismo constituye el verdadero sustento de las parejas y que es preferible acabar con la relación antes que se apague en lugar de entrar a la hueca monotonía del matrimonio. El maestro les dijo que respetaba su opinión, pero les relato lo siguiente:

"Mis padres vivieron 55 años casados. Una mañana mi Mamá bajaba las escaleras para prepararle a Papá el desayuno y sufrió un infarto. Cayó, mi padre la alcanzo, la levanto como pudo y casi a rastras la subió a la camioneta. A toda velocidad, rebasando, sin respetar los altos, condujo hasta el hospital. Cuando llego, por desgracia, ya había fallecido. Durante el sepelio, mi padre no habló, su mirada estaba perdida. Casi no lloró.

Esa noche sus hijos nos reunimos con él. En un ambiente de dolor y nostalgia recordamos hermosas anécdotas. El pidió a mi hermano teólogo que le dijera, dónde estaría mama en ese momento. Mi hermano comenzó a hablar de la vida después de la muerte, conjeturo cómo y dónde estaría ella.

Mi padre escuchaba con gran atención. De pronto pidió: "llévenme al cementerio". "Papá - respondió - ¡son las 11 de la noche! ¡No podemos ir al cementerio ahora!" Alzó la voz y con una Mirada vidriosa dijo:"No discutan conmigo por favor, no discutan con el hombre que acaba de perder a la que fue su esposa por 55 años ". Se produjo un momento de silencio.

No discutimos más. Fuimos al cementerio, pedimos permiso al velador, con una linterna llegamos a la lápida. Mi padre la acarició, oró y nos dijo a sus hijos que veíamos la escena conmovidos:"Fueron 55 buenos años... ¿saben? Nadie puede hablar del amor verdadero si no tiene la idea de lo que es compartir la vida con una mujer así". Hizo una pausa y se limpió el rostro. "Ella y yo estuvimos juntos en aquella crisis. Cambie de empleo - continuo -. Hicimos el equipaje cuando vendimos la casa y nos mudamos de ciudad.

"Compartimos la alegría de ver a nuestros hijos terminar sus carreras, lloramos uno al lado del otro la pérdida de seres queridos, rezamos juntos en la sala de espera de algunos hospitales, nos apoyamos en el dolor, nos abrazamos en Navidad, y perdonamos nuestros errores…hijos, ahora se ha ido y ¡estoy contento! ¿Saben por qué? Porque se fue antes que yo, no tuvo que vivir la agonía y el dolor de enterrarme, de quedarse sola después de mi partida.

"Seré yo quien pase por eso, y le doy gracias a Dios. La amo tanto que no me hubiera gustado que sufriera…" Cuando mi padre termino de hablar, mis hermanos y yo teníamos el rostro empapado de lágrimas. Lo abrazamos y nos consoló: "Todo está bien hijos, podemos irnos a casa; ha sido un buen día".

Esa noche entendí lo que es el verdadero amor. Dista mucho del romanticismo, no tiene que ver demasiado con el erotismo, más bien se vincula al trabajo y al cuidado que se profesan dos personas realmente comprometidas. "Cuando el maestro terminó de hablar, los jóvenes universitarios no pudieron debatir. Ese tipo de amor era algo que no conocían.

El vestido cubierto de besos

⁓ℳ⁓

Le gusta mi vestido? – preguntó una niña a una mujer que pasaba por la calle –, mi madre me lo hizo – dijo con lágrimas en los ojos.

— Creo que es muy bonito, pero dime pequeña, ¿por qué lloras?

Con un hilo de voz la niña respondió: "Después de que mi Mamá hizo el vestido, se tuvo que ir".

— Bueno, seguro que vuelve pronto - dijo la señora.

— No señora, usted no lo entiende - dijo la niña llorando –. Mi Papá me dijo que ella está en el cielo, junto a mi abuelo".

Al final, la mujer comprendió lo que la niña le quería decir y porque estaba llorando. Se arrodillo y abrazo cariñosamente a la niña, y junto a ella lloró por la Mamá que se había marchado. De repente la niña hizo algo que la mujer pensó era un poco extraño. Dejó de llorar, dio un paso atrás y comenzó a cantar.

Cantaba tan suavemente que casi parecía un susurro. Era el sonido más dulce que la mujer había escuchado, casi como el trino de un pájaro pequeño. Después de que la niña dejó de cantar, le explico a la mujer:

— Mi Mamá solía cantarme esta canción antes de irse, y me hizo prometerle que siempre la cantaría cuando llorase, y la canción pararía mi llanto… mira, ya deje de llorar. Cuando la mujer se marchaba, la niña le agarró de la falda, y le dijo:

— ¿Señora, podría quedarse un momentito? Quiero enseñarle algo.

— Por su puesto - le contesto - ¿Qué quieres enseñarme?"

Señalando un punto en su vestido, le dijo:

— Aquí es donde mi Mamá besó en este vestido… y aquí también, y aquí… y aquí…Mamá me dijo que ponía todos estos besos en mi vestido para que yo tuviera todos sus besos cada vez que me sintiera triste".

Entonces, la mujer se dio cuenta de que no sólo estaba viendo un vestido, ¡no!, miraba una madre que sabía que se marchaba y que no estaría nunca más con su hija para besarla cuando se sintiera triste. Así que tomo todo su amor por su preciosa hija y lo puso en su vestido que con tanto orgullo llevaba ahora.

Ya no vio una niña con un simple vestido, sino a una niña arropada con el amor de su madre.

El zapatero pobre

Un día bajo el Señor a la tierra en forma de mendigo y se acercó a la casa del zapatero y le dijo:"Hermano, hace tiempo que no como y me siento muy cansado, aunque no tengo ni una sola moneda quisiera pedirle que me arreglara mis sandalias para poder seguir caminando".

El zapatero le respondió:" ¡Yo soy muy pobre y ya estoy cansado que todo el mundo viene a pedir y nadie viene a dar!". El Señor le contestó:"yo puedo darle lo que quiera". El zapatero le contestó:" ¿Dinero inclusive?"

El Señor le respondió:

"Yo te daré 10 millones de dólares, pero a cambio de tus piernas". ¿Para qué quiero 10 millones de dólares si no voy a poder caminar, bailar, moverme libremente?", dijo el zapatero. Entonces el Señor replicó:"Esta bien, te podría dar 100 millones de dólares, a cambio de tus brazos".

El zapatero le contesto:" ¿Para qué quiero yo 100 millones de dólares si no voy a poder comer solo, trabajar, jugar con mis hijos, etc.?" Entonces el Señor le dijo:"En ese caso, yo puedo dar 1000 millones de dólares a cambio de tus ojos".

El zapatero respondió asustado:"Para qué sirven 1000 millones de dólares si no voy a poder ver el amanecer, ni a mi familia y mis amigos, ni todas las cosa que me rodean". Entonces el Señor le dijo: ¡Ah, hermano mío! ¿Ya ves que fortuna tienes y no te das cuenta?"

Empuja la vaquita

Un maestro de la sabiduría paseaba por un bosque con su fiel discípulo cuando vio a lo lejos un sitio de apariencia pobre y decidió hacer una breve visita al lugar. Durante la caminata, le comentó al aprendiz sobre la importancia de las visitas; también en conocer personas y las oportunidades de aprendizaje que tenemos de estas experiencias.

Llegando al lugar, constató la pobreza del sitio, los habitantes, una pareja y tres hijos, la casa de madera, vestidos con ropas sucias y rasgadas, sin calzado. Entonces se aproximó al señor, aparentemente el padre de familia, y le preguntó:

— En este lugar no existen oportunidades de trabajo, ni puntos de comercio tampoco, ¿cómo hacen usted y su familia para vivir aquí? El señor calmadamente respondió:

— Amigo mío, nosotros tenemos una vaquita que nos da varios litros de leche todos los días. Una parte del producto lo vendemos, o la cambiamos por otros géneros alimenticios en la ciudad vecina, y con la otra parte producimos queso, cuajada, etc., para nuestro consumo, y así es como vamos sobreviviendo".

El sabio agradeció la información, contempló el lugar por un momento, luego se despidió y se fue. En medio del camino, volteó hacia su fiel discípulo y le ordenó:

— Busque la vaquita, llévela al precipicio de allí enfrente y empújala al barranco.

El joven espantado, vio al maestro y le cuestionó sobre el hecho de que la vaquita era el medio de subsistencia de aquella familia. Más como percibió el silencio absoluto del maestro, fue a cumplir la orden. Así que empujo la vaquita por el precipicio y la vio morir.

Aquella escena quedó grabada en la memoria de aquel joven durante algunos años. Un bello día, el joven resolvió abandonar todo lo que había aprendido y regresar a aquel lugar y contarle todo a la familia, pedir perdón y ayudarlos. Así lo hizo, y a medida que se aproximaba al lugar, veía muy bonito, con árboles floridos, todo habitado, con coche en el garaje de tremenda casa y algunos niños jugando en el jardín.

El joven se sintió triste y desesperado, imaginando que aquella humilde familia tuviese que vender el terreno para sobrevivir, acelero el paso, y llegando allá, fue recibido por un señor muy simpático. El joven pregunto por la familia que vivía ahí hacia unos cuatro años; el señor respondió que seguían viviendo ahí. Espantado, el joven entró corriendo a la casa y confirmó que era la misma familia que hacia algunos años había visitado con el maestro. Elogió el lugar y le pregunto al señor:

— ¿Cómo hizo para mejorar este lugar y cambiar de vida?

El señor entusiasmado, le respondió:

— Nosotros teníamos una vaquita, que calló por el precipicio y murió; de ahí en adelante nos vimos en la necesidad de hacer otras cosas y desarrollar otras habilidades que no sabíamos que teníamos.

Así alcanzamos el éxito que sus ojos vislumbran ahora.

ENSEÑANZA

En cierta ocasión, durante una charla que di ante un grupo de abogados, me hicieron esta pregunta:" ¿Qué es lo más importante que ha hecho en su vida?" La respuesta me vino a la mente en el acto, pero no fue la que di, porque las circunstancias no eran las apropiadas.

En la calidad de abogado en la industria de espectáculos, sabía que los asistentes deseaban escuchar anécdotas sobre mi trabajo con las celebridades. Pero, he aquí, la verdadera respuesta, la que surgió de lo más recóndito de mis recuerdos. Lo más importante que he hecho en la vida tuvo lugar el 8 de octubre del 1990.

Mi madre cumplía 65 años, y yo había viajado a casa de mis padres en Massachusetts, para celebrar con la familia, comencé el día jugando con un ex-condiscípulo y amigo mío, al que no había visto en mucho tiempo, entre jugada y jugada conversamos acerca de lo que estaba pasando en la vida de cada cual. Me contó que su esposa y él acababan de tener un bebe, y que el pequeño los mantenía en vela todas las noches.

Mientras jugábamos, un coche se acercó haciendo rechinar las llantas y quedo consternado, le dijo que su bebe había dejado de respirar y lo habían llevado de urgencia al hospital. En un instante mi amigo subió al auto y se marchó dejando tras de sí una nube de polvo.

Por un momento me quedé donde estaba, sin acertar a moverme, pero luego traté de pensar que debía hacer: ¿Seguir a mi amigo al hospital? Mi presencia allí, me dije, no iba a servir de nada, pues la criatura seguramente estaría al cuidado de médicos y enfermeras, y nada de lo que yo hiciera o dijera iba a cambiar las cosas.

¿Brindarle mi apoyo moral? Bueno, quizás. Pero tanto él como su esposa provenían de familias numerosas y sin duda estarían rodeados de parientes que le ofrecerían consuelo y el apoyo necesario pasara lo que pasara. Lo único que haría sería estorbar, además había planeado dedicar todo mi tiempo a mi familia, que estaba aguardando mi regreso.

Así decidí reunirme con ellos e ir más tarde a ver a mi amigo. Al poner en marcha el auto que había rentado, me percaté que mi amigo había dejado su camioneta, con las llaves puestas, estacionada junto a las canchas. Me vi Entonces ante otro dilema: no podía dejar así el vehículo, pero pasar a su casa a dejarlas, pero no tenía a la mano un papel para escribirle una nota, no podía avisarle lo que había hecho.

Decidí pues ir al hospital y entregarle las llaves. Cuando llegué, me indicaron en que sala estaba mi amigo y su esposa, como supuse, el recinto estaba lleno de familiares que trataban de consolarlos. Entre sin hacer ruido y me quedé junto a la puerta, tratando de decidir qué hacer. No tardó en presentarse un médico, que se acerco a la pareja y, en voz baja les comunico que su bebe había fallecido, víctima del síndrome conocido como muerte en la cuna.

Durante, lo que pareció una eternidad, estuvieron abrazados, llorando, mientras todos los demás los rodeamos en medio del silencio y el dolor. Cuando se recuperaron un poco, el médico les pregunto si deseaban estar un momento con su hijo. Mi amigo y su esposa se pusieron de pie caminaron resignadamente hacia la puerta, al verme allí, en un rincón la madre se acerco, me abrazo y comenzó a llorar. También mi amigo se refugió en mis brazos.

"Gracias por estar aquí", me dijo. Durante el resto de la mañana, permanecí sentado en la sala de urgencias del hospital, viendo a mi amigo y a su esposa sostener en brazos a su bebe sin vida. Aquella experiencia me dejo tres enseñanzas:

Primera:

Lo más importante que he hecho en la vida, ocurrió cuando no había absolutamente nada que yo pudiera hacer. Nada de lo que aprendí en la universidad, ni los seis años que llevaba ejerciendo mi profesión, me sirvió en tales circunstancias.

A dos personas a las que yo estimaba les sobrevino una desgracia, y yo era impotente para remediarla. Lo único que pude hacer fue acompañarlos y esperar el desenlace. Pero estar allí en esos momentos en que alguien me necesitaba era lo principal.

Segunda:

Estoy convencido que lo más importante que he hecho en mi vida estuvo a punto de no ocurrir, debido a las cosas que aprendí en la universidad y en mi vida profesional. En la Escuela de Derecho me enseñaron a tomar los datos, analizarlos y organizarlos y después evaluar esta información sin apasionamiento.

Esta habilidad es vital en los abogados. Cuando la gente acude a nosotros en busca de ayuda, suele estar angustiada y necesita que su abogado piense con lógica. Pero al aprender a pensar, casi me olvido de sentir. Hoy, no tengo duda alguna que debí haber subido al coche sin titubear y seguir a mi amigo al hospital.

Tercera:

Aprendí que la vida puede cambiar en un instante. Intelectualmente, todos sabemos esto, pero creemos que las desdichas les pasan a otros. Así hacemos planes y concebimos nuestro futuro como algo tan real que pareciera que ya ocurrió. Pero, al ubicarnos en el mañana dejamos de advertir todos los presentes que pasan junto a nosotros, y olvidamos que perder el empleo, sufrir una enfermedad grave, toparse con un conductor ebrio y miles de cosas más pueden alterar ese futuro en un abrir y cerrar de ojos.

En ocasiones a uno le hace falta vivir una tragedia para volver a poner las cosas en perspectiva. Desde aquel día busqué un equilibrio entre el trabajo y la vida: aprendí que ningún empleo, por gratificante que sea, compensa el perderse unas vacaciones, romper con la pareja o pasar un día festivo lejos de la familia; y aprendí que lo más importante en la vida no es ganar dinero, ni ascender en la escala social, ni recibir honores.

Lo más importante en la vida es el tiempo que dedicamos a cultivar una AMISTAD.

Eres muy valioso

‿✑‿

Era una ostra marina. No era un caracol. Marina era un bicho de profundidad y como todas las de su raza, había buscado la roca del fondo para agarrarse firmemente a ella. Una vez que lo consiguió, creyó haber dado en el destino claro que le permitiría vivir sin contratiempos su ser de ostra. Pero el Señor había puesto su mirada en Marina. Y todo lo que en su vida sucedería, tendría como gran responsable al mismo Señor Dios. Porque el Señor Dios en su misterioso plan para ella, había decidido que Marina fuera valiosa.

Ella simplemente había deseado ser feliz. Y un día el Señor Dios colocó a Marina su granito de arena. Literalmente: un granito de arena. Fue durante una tormenta de profundidad. De esas que casi no provocan oleaje de superficie, peor que remueven el fondo de los océanos. Cuando el granito de arena entró en su existencia, Marina cerró violentamente. Así lo hacía siempre que algo entraba en su vida, porque es la manera de alimentarse que tienen las ostras.

Todo lo que entra en su vida es atrapado, es integrado y asimilado. Si esto no es posible, se expulsa hacia el exterior el objeto extraño. Pero con el granito de arena, la ostra marina no pudo hacer lo de siempre. Muy pronto constató que aquello era sumamente doloroso. La hería por dentro.

Lejos de desintegrarse, más bien la lastimaba. Quiso entonces expulsar ese cuerpo extraño. Pero no pudo. Ahí comenzó el drama de Marina. Lo que Dios le había mandado pertenecía a aquellas realidades que no se dejan integrar, y que tampoco se pueden suprimir.

El granito de arena era indigestible e inexpulsable. Y cuando trato de olvidarlo, tampoco lo pudo, porque las realidades dolorosas que Dios envía son imposibles de olvidar o de ignorar. Frente a esta situación. Se hubiera pensado que Marina no le quedaba más que un camino: luchar contra su dolor, rodeándolo con él desde su amargura, generando un tumor que terminaría por explotarle, envenenando su vida y la de todos los que la rodeaban. Pero en su vida había una hermosa cualidad. Era capaz de producir sustancias sólidas.

Normalmente las ostras dedican esta cualidad a su tarea de fabricarse un caparazón defensivo, rugoso por fuera y terso por dentro. Pero también pueden dedicarlo a la construcción de una perla. Y eso fue lo que realizó Marina poco a poco, y con lo mejor de sí misma, fue rodeando el granito de arena del dolor que Dios le había mandado, y a su alrededor comenzó a crear una hermosa perla.

Me han comentado que normalmente las ostras no tienen perlas. Que estas son producidas sólo por aquellas que se deciden a rodear, con lo mejor de sí misma el dolor de un cuerpo extraño que las ha herido. Muchos años después de la muerte de Marina, unos buzos bajaron hasta el fondo del mar. Cuando la sacaron a la superficie, encontraron en ella una perla que al brillar con todos los colores del cielo y del mar, nadie preguntó si Marina había sido feliz. Simplemente supieron que había sido valiosa.

ESCOGIENDO MI CRUZ

Cuentan que un hombre un día le dijo a Jesús: "Señor: ya estoy cansado de llevar la misma cruz en mi hombro, es muy pesada, muy grande para mi estatura, además siento que me raspa mucho el hombro". Jesús amablemente le dijo:"Si crees que es mucho para ti, entra en ese cuarto y elige la cruz que más se adapte a ti".

El hombre entró a la bodega de las cruces, feliz porque al fin podría encontrar una más cómoda. Empezó por inspeccionar las de tamaño más pequeño, de hecho agarro la más pequeña de todas. De inmediato noto que aunque bastante pequeña, era muy pesada, tan pesada que se le encajaba en el hombro y le lastimaba. Camino un poco más dentro de aquel gran almacén y de repente miro otra cruz que le llamo la atención por delgada. Esta cruz, en efecto era muy liviana, pero demasiado grande que le estorbaba al caminar.

Viendo que había muchas de donde escoger, tomó su tiempo en buscar, hasta que encontró otra que le llamo la atención. Se la probo, pero se percato de que estaba hecha de un material al cual él era alérgico. La dejo y siguió probándose otra y otra, pero ninguna lo convencía. Después de horas de buscar, por fin encontró una que le adaptaba perfectamente a él. Feliz se dirigió a Jesús para darle la buena noticia. "¡Señor, al fin he encontrado la cruz que deseo cargar por el resto de mi vida! Gracias por el cambio que me has permitido".

Jesús le mira sonriente y le dice: "No tienes nada que agradecer, has tomado exactamente la misma cruz que traías, tu nombre está inscrito en ella. Mi padre no permite más de lo que no puedas soportar porque te ama y tienen un plan perfecto para tu vida".

ESPERAN ALGO DE MÍ

Hace varios años, una maestra pública fue contratada para visitar a niños internados en un gran hospital de la ciudad. Su tarea era guiarlos en sus deberes a fin de que no estuvieran muy atrasados cuando pudieran volver a clases.

Un día, esta maestra recibió una llamada de rutina pidiéndole que visitara a un niño en particular. Tomó el nombre del niño, el del hospital y el número de la habitación, y la maestra del otro lado de la línea le dijo:

— Ahora estamos estudiando sustantivos y adverbios en clase. Le agradecería si lo ayudara con sus deberes, así no se atrasa respecto de los demás.

La maestra, luego de llegar a la habitación del niño, se dio cuenta que estaba en la unidad de quemados del hospital. Nadie la había preparado para lo que estaba a punto de descubrir del otro lado de la puerta. Antes de que le permitieran entrar, tuvo que ponerse un delantal y una gorra esterilizada por la posibilidad de infección. Le dijeron que no tocara al niño ni la cama. Podía mantenerse cerca pero debía hablar a través de la máscara que estaba obligada a usar.

Cuando por fin terminó de lavarse y se vistió con las ropas prescritas, respiró hondo y entró en la habitación. Era obvio que el chiquito, horriblemente quemado, sufría mucho. La maestra se sintió incómoda y no sabía qué decir, pero había llegado demasiado lejos como para darse la vuelta e irse. Por fin pudo tartamudear:

— Soy la maestra del hospital y tu maestra me mandó para que te ayudara con los sustantivos y los adverbios. Después, le pareció que no fue una de sus mejores sesiones.

A la mañana siguiente, cuando volvió, una de las enfermeras de la unidad de quemados le preguntó:

— ¿Qué le hizo a ese chico?

Antes de que pudiera terminar una carta de disculpas, la enfermera la interrumpió diciendo:

— No me entiende. Estábamos muy preocupados por él, pero desde que vino usted ayer, toda su actitud cambió. Está luchando, responde al tratamiento... Es como si hubiera decidido vivir.

El propio niño le explicó luego que había abandonado completamente la esperanza y sentía que iba a morir, hasta que vio a esa maestra especial. Todo había cambiado cuando se dio cuenta de algo. Con lágrimas de felicidad en los ojos, el chiquito tan gravemente quemado que había dejado de lado toda esperanza, lo expresó así:

— No le habrían enviado una maestra para trabajar con los sustantivos y los adverbios a un chico agonizante, ¿no le parece?

La esperanza es el factor preponderante que mantiene viva la llama que desarrolla nuestros proyectos. Si se pierde la esperanza de algo, se pierde la motivación y todo lo referente a ello parece no tener sentido. No resulta entonces difícil imaginarse lo que ocurriría si se pierde la esperanza de vivir.

Todo parece derrumbarse, y la voluntad nada puede hacer porque está paralizada por la sensación de "sin sentido". Es una situación terrible que puede acarrear consecuencias también terribles. Pero basta una pequeña palabra de esperanza para despertar todos los sentidos, para movilizar todo aquello que se hallaba paralizado. Porque se le comienza a encontrar a la vida un significado fundamental, que va dando respuestas a muchas preguntas sobre la existencia, sobre el ser.

Es importante mantener viva la esperanza de un mañana. Es importante la certeza de que en el mañana también está la vida... Si mañana tenemos "sustantivos y adverbios", eso significa que hay... un mañana. Y se renueva entonces la motivación de seguir adelante en búsqueda del más preciado tesoro: La felicidad...

ESPERANDO UN DÍA ESPECIAL

Mi cuñado abrió el cajón del buró de mi hermana y levantó un paquete envuelto en papel. "Esto - dijo - no es un collar es una obra de arte". Tiró el papel que lo envolvía y pasó el collar. Estaba exquisito. La etiqueta del precio mostraba una cantidad astronómica. "Jan compró esto la primera vez que fuimos a Nueva York, hace al menos 8 o 9 años. Nunca lo usó".

"Lo estaba guardando para una ocasión especial. Bueno, creo que esta es la ocasión". Me pidió el collar y lo pusimos en la cama junto con la ropa que íbamos a llevar a la funeraria. Sus manos tocaron un momento el oro y cerró de golpe el cajón y volviéndose hacia mí me dijo:"No guardes nada para una ocasión especial…Cada día que vives es una ocasión especial".

Recordé esas palabras durante el funeral de Jan, mi hermana, y los días que siguieron, cuando lo ayudé a él y a mi sobrina a atender todas las obligaciones tristes que siguen a una muerte inesperada. Pensé en ellos en el vuelo de regreso a California. Pensé acerca de todas las cosas que ella no vio, o hizo.

Pensé acerca de las cosas que ella hizo sin darse cuenta que eran especiales. Todavía estoy pensando en esas palabras, y han cambiado mi vida. Ahora estoy leyendo más y limpiando menos. Me siento en el jardín por ella y admiro la vista sin fijarme en las malas hierbas. Estoy pasando más tiempo con mi familia y amigos y menos tiempo en juntas de trabajo.

Cuando sea posible, la vida debe ser un patrón de experiencias para disfrutar, no para sobrevivir. Estoy tratando de reconocer estos momentos ahora y disfrutarlos. Ya no estoy guardando nada; usamos nuestra vajilla de lujo por cualquier evento especial como bajar una libra, destapar el baño o la primera flor de la primavera.

Uso mi blazer nuevo para ir al súper, si me dan ganas. Mi teoría es que si me veo prospero, puedo gastar 280 pesos en una bolsa pequeña de despensa sin preocuparme. Ya no guardo mi mejor colonia para fiestas especiales; los empleados de las tiendas y los cajeros de los bancos tienen narices que funcionan tan bien como las de mis amigos en las fiestas.

Las frases "algún día "y "Uno de estos días" van desapareciendo de mi vocabulario. Si vale la pena verlo, escucharlo o hacerlo lo quiero ver, oír y hacer AHORA. No estoy seguro de lo que hubiera hecho mi hermana si hubiera sabio que no estaría aquí para el mañana que todos tomamos a la ligera. Creo que hubiera llamado a algunos miembros de la familia y a amigos cercanos.

A lo mejor hubiera llamado algunos ex–amigos para disculparse y hacer las paces por posibles enojos del pasado. Me gusta pensar que hubiera ido a comer comida china, su favorita. Pero sólo estoy pensando, nunca lo sabré. Son esas pequeñas cosas dejadas sin hacer las que me harían enojar si supiera que mis horas están limitadas.

Enojado porque dejé de ver a buenos amigos con los que me iba a poner en contactos algún día". Enojado, porque no escribí ciertas cartas que intenté escribir "uno de estos días". Enojado y triste porque no les dije a mi esposa y a mi hija con la suficiente frecuencia cuanto realmente las amo.

Estoy tratando no retardar, detener o guardar nada que agregaría risa y alegría a nuestras vidas cada mañana cuando abro mis ojos, me digo a mi mismo que es especial. Cada día, cada minuto, cada respiro la vida misma es un regalo de Dios.

ESTABA SEGURO DE QUE VENDRÍAS

Mi amigo no ha regresado del campo de batalla, para estas horas ya debería de estar aquí con nosotros, señor solicito permiso para ir a buscarlo". Permiso denegado, replicó el oficial enérgicamente: "No quiero que arriesgue su vida por un hombre que muy probablemente ha muerto. ¡Ya hemos perdido varios soldados en esta sangrienta batalla y no estoy dispuesto a perder ninguno mas, ninguno!"

El soldado, con una actitud determinante, no haciendo caso de la prohibición del oficial, salió en busca de su amigo con un gran afán por encontrarlo. El oficial se molesto bastante y preocupado esperaba el regreso de aquel soldado rebelde. Pasaban los minutos y el oficial desesperado caminaba de un lado a otro ansiando que aquel soldado regresara cuando antes.

Después de una hora de angustiosa espera, el oficial escucho que alguien apresuradamente tocaba a la puerta. Agitado y nervioso se dirigió a la puerta, y al abrirla, pudo apreciar lo que mas estaba temiendo. El soldado que había salido, regresaba mortalmente herido y agonizando hacia esfuerzos por arrastrar el cadáver de su amigo para adentro de la celda.

El oficial estaba furioso: "Yo le dije que había muerto. Ahora he perdido a dos hombres, dígame, merecía la pena salir allá para traer un cadáver". Y el soldado moribundo hablando las últimas palabras en su vida, con tono de satisfacción respondió: "¡Claro que sí, señor! Cuando lo encontré, todavía estaba vivo y aunque con mucha dificultad, aun pudo decirme: Juan, estaba seguro de que vendrías".

Nadie tiene más amor que quien da la vida por sus amigos.

Fabula del zorro

⁓ℳ⁓

Un hombre que paseaba por el bosque vio un zorro que había perdido sus patas, por lo que el hombre se preguntaba cómo podría sobrevivir sin poder desplazarse por el bosque para buscar alimentos. Poco más tarde vio que un tigre que cargaba la mitad de un antílope en su hocico, se acercaba al zorro inmóvil y con generosidad le dejaba caer aquella porción de carne que aun estaba fresca. Durante los siguientes días el hombre siguió pasando por el bosque y seguía advirtiendo la misma escena. El generoso tigre seguía alimentando al inútil zorro día tras día.

El hombre estaba fascinado con lo que Dios hacia con el zorro "Mira que no tener que trabajar, solo arrinconarte en un lugar y esperar que te llegue tu alimento, ¡Que maravilla!". Como el hombre no tenía la menor duda de que Dios era inmensamente bondadoso pensó en hacer algo parecido al zorro. Se alojaría en algún lugar y esperaría a que Dios, por medio de alguien le mandara los más deliciosos alimentos.

El hombre confiando plenamente en Dios, se alojo en una choza y muy seguro de lo que estaba haciendo se dispuso a esperar a que alguien le llevara alimentos. El ya no tendría que levantarse cada mañana para salir a trabajar y producir su propio alimento. Estaba completamente seguro que todo le vendría a las manos. "No más trabajo, esto sí es vida". Exclamaba el hombre holgazán.

Después de pasar algunos días arrinconado en la pequeña choza, el hombre se empezó a desesperar. Ya había perdido mucho peso y sus ropas ya le quedaban flojas; estaba totalmente debilitado y tenía bastante hambre y nadie se había presentado con comida. El hombre mientras tato, se imaginaba como el zorro seguramente seguía recibiendo alimentos por parte del tigre, y él no se explicaba que era lo que estaba pasando en su caso.

Un cierto día sin poder aguantar más el hambre, decidió reclamarle a Dios el porqué de su tardanza para alimentarlo. De repente se escucho una voz que decía: "¡Oh tú, hombre inútil, que te hallas en la senda del error, abre tus ojos a la verdad! Sigue el ejemplo del tigre y deja ya de imitar al pobre zorro mutilado".

Fe

Hace setenta años yo era apenas un niño, tenía un hermano y una hermana mayor. Mi padre estaba muy enfermo y permanecía en cama, mientras mi mamá cosía todo el día, para mantenernos, en su vieja máquina de coser. No la escuché nunca quejarse de nuestra suerte, aunque el fuego que nos calentara bajase o la comida escaseara. Las cosas funcionaban especialmente mal ese verano y para el colmo se agregó la carta que nos llegó de la casa de préstamos donde decía que a menos que le pagáramos la cuota que le debíamos, nos quitarían la máquina que finalmente era nuestra única posesión.

Me quedé congelado cuando ella leyó la carta y una gran diversidad de desastres aparecieron en mi mente de niño. No noté a mi madre horrorizada, al contrario la veía calmada. Yo lloraba pensando qué sería de nuestra familia, mientras mi madre decía que ella tenía confianza, que algo pasaría y no perderíamos la bendita maquina.

Llegó el día en que vendrían por ella y escuché golpear en la puerta de la cocina. Yo estaba asustado, sabía que esos hombres se la llevarían. Sin embargo, el que vino, era un señor muy bien trajeado que portaba un bebé en brazos. Le preguntó a mi madre si ella era la Sra. Perkins y le contó que él tenía un problema. El farmacéutico le recomendó visitarla pensando que ella podría ayudarlo.

—Mi esposa tuvo un accidente ayer y está internada, dijo. Nosotros vivimos aquí hace muy poco tiempo y no tenemos relaciones ni amigos. Yo necesito abrir mi consultorio en el día de hoy. "¿Podría cuidar de nuestro bebé por unos días? Le pagaré por adelantado", le dijo mostrándole un billete de 50 dólares.

Mi madre tomó el dinero y el bebé, y le dijo: "Vaya tranquilo, nosotros nos ocuparemos del bebé mientras lo necesite".

Cuando el hombre se fue mi mamá nos miró y nos dijo: "¡Yo sabía que Dios no nos iba a fallar!

GRACIAS MAMA

Por qué lloras, Mamá?", le pregunto un niño a su madre. "Porque soy mujer", le contestó. "Pero, yo no entiendo", dijo el niño. Su madre se inclino hacia él y abrazándolo le dijo: "Y nunca lo entenderás". Más tarde el niño le pregunto a su padre: "¿Por qué Mamá llora a veces sin ninguna razón?". "Todas las mujeres lloran siempre por ninguna razón". Era todo lo que el padre le podía contestar.

El pequeño creció y se convirtió en todo un hombre preguntándose todavía por qué sería que las mujeres lloraban. Un día el niño convertido en hombre se arrodillo y le pregunto a Dios: "¿Por qué lloran tan fácilmente las mujeres?". Y Dios le contesto: "Cuando hice a la mujer tenía que hacer algo especial: Hice sus hombros lo suficientemente fuerte como para cargar el peso del mundo entero, pero a la misma vez lo suficientemente suaves para confortar.

"Le di una inmensa fuerza interior para que pudiera soportar el dar a luz y hasta el rechazo que muchas veces proviene de sus propios hijos. Le di una dureza que le permite seguir adelante y cuidar a su familia a pesar de las enfermedades y la fatiga y sin quejarse aun cuando otros se rinden.

"Le di la sensibilidad para amar a un niño bajo cualquier circunstancia, aun cuando este la haya lastimado mucho. Esa misma sensibilidad que hace que cualquier tristeza, llanto o dolor del niño desaparezca y que le hace compartir las ansiedades y miedos de la adolescencia.

"Le di la fuerza suficiente para que pueda perdonar a su esposo de sus faltas y la moldeé de una de sus costillas para que ella pudiera cuidar de su corazón. Le di sabiduría para saber que una buena esposa nunca lastimaría a su esposo, y a veces le pongo pruebas para medir su fuerza y su determinación para mantenerse a su lado a pesar de todo".

"Le di las lágrimas y son de ella exclusivamente para usarlas cuando las necesite. Es su única debilidad…una lágrima por la humanidad".

Le doy gracias a Dios por haber creado a la mujer. Si es la novia, es sinónimo de alegría; si es la esposa, es un ansiado anhelo, y cuando esa mujer se llama madre… ¡ES EL CIELO!

Gracias... pero no

～

En un centro comercial en un lugar de los Estados Unidos, una pareja se acercó a comprar un artículo. La dependiente les atendió y no se percató que al darles el cambio, se le fue la mano y les dio mucho dinero de más. Ellos, que tenían prisa, tampoco se dieron cuenta del error.

Ya fuera del centro comercial fueron a un restaurante. Al revisar su billetera, el hombre se percata de que había recibido mucho dinero como cambio; ¡Unas cincuenta veces más de lo que pagó! Se había dado una confusión de la denominación de los billetes. El dijo a su pareja: "Vallamos de inmediato a devolver lo que no es nuestro", y retornaron al centro comercial enseguida.

Al acercarse hacia la dependiente, la llamaron aparte para no avergonzarla ante otros ni complicarle la vida. "Señorita, usted me dio dinero de más como cambio de la compra que le hice hace unos minutos. Aquí le devuelvo su dinero, deme lo que es correcto y tenga más cuidado la próxima vez".

La mujer se quedó boquiabierta, y siendo responsable llamó a su jefe de sección y le explicó de qué se trataba. El hombre se acercó presto a la pareja, asombrado también, y le explicó al honrado caballero: "Señor, ¿ve esa cámara de televisión? Allí se ha grabado todo, desde que usted hizo la compra, cuando se le dio cambio de más, y ahora que usted ha retornado ese dinero que por error se le dio. Nuestra compañía quiere honrarle y pedirle que nos permita publicar este hecho ejemplar, que ya casi no se da en estos días".

Un tanto nervioso, el aludido tomó del brazo al jefe de sección de ese centro comercial, y en voz baja le dijo: "Señor, olvídese de lo ofrecido; si usted hace eso me pondría en problemas. Yo soy casado, y la mujer que está conmigo no es mi esposa".

Sí, se trataba de un caso extraordinario de honradez; pero no había integridad en aquel hombre. Puede haber honradez sin integridad, pero nunca integridad sin honradez.

GRATITUD AL INVISIBLE

Se cuenta una leyenda de dos jóvenes vagabundos que comentaban irónicamente el hecho de que la gente acudiese a la iglesia a adorar a un Dios que no se ve.

Un rico caballero, les hizo llevar, cuando se hallaban dormidos, a un palacio situado en una isla. Allí las comidas aparecían por encanto y si se empeñaban en vigilar su aparición las encontraban dispuestas en otro aposento. Un coche del mejor modelo estaba a su disposición a la puerta del jardín. Las luces y la calefacción se encendían a su hora por mano invisible.

Notaron que la parte del edificio que para ellos era doble recorrer no era más que una mitad y nunca se abrían ante sus ojos las puertas azules que daban acceso a la otra. Intrigados empezaron a dirigirse en voz alta a su benefactor invisible, y muchas veces, aunque no siempre, veían cumplidas sus demandas. También daban gracias, a grandes voces, expresando su deseo de conocer a su generoso protector.

En una de tales ocasiones se abría una de las azules puertas y apareció éste sonriendo, rodeado de una multitud de criados.

Podéis comprender ahora, les dijo, por qué muchos hombres inteligentes rinden culto a un Dios que no ven. Tienen motivo para ello pues, ¿no encuentran preparada todos los años su comida por las fuerzas de la providencia? ¿No las ilumina y calienta su sol todos los días? ¿No pasean su ser moral en un maravilloso vehículo de carne y huesos cuyo motor no para nunca? Justo es que sean como vosotros agradecidos a quien, no dejándose ver corporalmente, se hace visible por sus obras.

HAY QUE SABER ELEGIR

Jerry era el tipo de persona que te encantaría odiar. Siempre estaba de buen humor y siempre tenía algo positivo que decir.

Cuando alguien le preguntaba cómo le iba, el respondía:"Si pudiera estar mejor, tendría un gemelo". El era un gerente único porque tenía varias meseras que lo habían seguido de restaurante en restaurante.

La razón por la que las meseras seguían a Jerry era por su actitud. El era un motivador natural: Si un empleado tenía un mal día, Jerry estaba ahí para decirle al empleado como ver el lado positivo de la situación. Ver este estilo realmente me causó curiosidad, así que un día fui a buscar a Jerry y le pregunte:"No lo entiendo… no es posible ser una persona positiva todo el tiempo… cómo lo haces..." Jerry respondió:

"Cada mañana me despierto y me digo a mismo, Jerry, tienes dos opciones hoy; Puedes escoger estar de buen humor o puedes escoger estar de mal humor. Escojo estar de buen humor. Cada vez que sucede algo malo, puedo escoger entre ser una víctima o aprender de ello. Escojo aprender de ello. Cada vez que alguien viene a mí para quejarse, acepto que puedo señalar el lado positivo de la vida. Escojo el lado positivo de la vida.

"Sí…claro…pero no es tan fácil", protesté.

"Sí lo es - dijo Jerry -. Todo en la vida es acerca de elecciones. Cuando quitas todo lo demás, cada situación es una elección. Tú eliges como reaccionas a cada situación. Tú eliges como la gente afectará tu estado de ánimo. Tú eliges estar de buen humor o mal humor. En resumen:"TU ELIGES COMO VIVIR LA VIDA"... Reflexioné en lo que Jerry me dijo.

Poco tiempo después, dejé la industria restaurantera para iniciar mi propio negocio. Perdimos contacto, pero con frecuencia pensaba en Jerry cuando tenía que hacer una elección en la vida en vez de reaccionar a ella. Varios años más tarde, me enteré que Jerry hizo algo que nunca debe hacerse en un negocio de restaurante.

Dejó la puerta de atrás abierta una mañana y fue asaltado por tres ladrones armados. Mientras trataba de abrir la caja fuerte, su mano temblando por el nerviosismo, resbaló de la combinación. Los asaltantes sintieron pánico y le dispararon. Con mucha suerte, Jerry fue encontrado relativamente pronto y llevado de emergencia a una clínica. Después de 18 horas de cirugía y semanas de terapia intensiva, Jerry fue dado de alta aún con fragmentos de la bala en su cuerpo.

Me encontré con Jerry seis meses después del accidente y cuando le pregunté como estaba, me respondió:"Si pudiera estar mejor, tendría un gemelo". Le pregunté qué pasó por su mente en el momento del asalto. Contestó:"Lo primero que vino a mi mente fue que debí haber cerrado con llave la puerta de atrás".

"Cuando estaba en el piso recordé que tenía dos opciones: Podía elegir vivir o podía elegir morir. Elegí vivir". "¿No sentiste miedo?", le pregunté.

Jerry continuó:"Los médicos fueron geniales. No dejaban de decirme que iba a estar bien. Pero cuando me llevaron al quirófano y vi las expresiones en las caras de médicos y enfermeras, realmente me asusté... podía leer en sus ojos: 'Es hombre muerto'. Supe entonces que debía tomar acción...". "¿Qué hiciste?" pregunté. "Bueno...uno de los médicos me preguntó si era alérgico y respirando profundo grité: ¡SI!, a las balas...Mientras reían les dije: Estoy escogiendo vivir...opérenme si estuviera vivo, no muerto".

Jerry vivió por la maestría de los médicos pero sobre todo por su asombrosa actitud. Aprendí que cada día tenemos la elección de vivir plenamente. La actitud, al final, lo es todo.

Hermoso retrato

Hay una mujer que tiene algo de Dios por la inmensidad de su amor, y mucho de ángel por la incansable solicitud de sus cuidados; una mujer que, siendo joven tiene la reflexión de una anciana, y en la vejez, trabaja con el vigor de la juventud; la mujer que si es ignorante descubre los secretos de la vida con más acierto que un sabio, y si es instruida se acomoda a la simplicidad de sus niños.

Una mujer que siendo rica, daría con gusto su tesoro para no sufrir en su corazón la herida de la ingratitud; una mujer que siendo débil se reviste a veces con la bravura de un León; una mujer que mientras vive no la sabemos estimar porque a su lado todos los dolores se olvidan, pero que después de muerta, daríamos todo lo que somos y todo lo que tenemos por mirarla de nuevo aunque sea un instante, por recibir de ella un sólo abrazo, por escuchar tan sólo un acento de sus latidos.

De esa mujer no me exijas el nombre si no quieres que empape de lágrimas vuestro álbum, porque yo la vi pasar en mi camino. Cuando crezcan vuestros hijos, léanles esta página, y ellos, cubriendo de besos vuestra frente, os dirán que un humilde viajero, en pago del suntuoso hospedaje recibido, ha dejado aquí para vosotros y para ellos, un boceto del RETRATO DE UNA MADRE.

Historia del Salmon

Han visto alguna vez a los salmones saltando río arriba? Realizan un viaje contra corriente increíble, que todavía no es demasiado comprendido por los científicos.

El Salmón nace en el río y permanece en agua dulce mientras es pequeño. Cuando llega su juventud, baja hasta el mar, donde vive y llega a su madurez. Cuando se acerca la época de la reproducción, emprende el camino de vuelta, volviendo exactamente al lugar donde nació.

Es un viaje muy duro. Centenares de kilómetros, llenos de dificultades, de rápidos y cascadas. Tiene que liberarse de las plantas acuáticas que lo tratan de retener. ¡Y si sólo fuera eso! Lo peor es que el salmón se encuentra en el río a muchos peces, compañeros, que se dejan arrastrar por la corriente y que le dicen:

— Ven con nosotros. En el mar se está muy bien. ¿Qué quieres hacer allá arriba?

Y otros le gritan:

— ¡No subas más arriba: hay peces que te atacaran! Y así es. Mirando hacia delante, el salmón puede ver como hay salmones heridos por las mordeduras.

Entonces comienza a dudar y piensa:

— No puedo más. Me quedaré a descansar un rato allá, donde parece que el agua se remansa. Ya continuaré cuando haya recuperado las fuerzas.

Pero, al mismo tiempo, escucha una voz interior que le empuja:

— Salmón, ¡No te dejes llevar por lo fácil! ¡Continua tu viaje con los compañeros que luchan a tu lado! O sigues río arriba o la corriente te arrastrará hacia abajo. No hay otra alternativa: ¡O río arriba o hacia el mar!

Parece que los salmones no comen nada, una vez que han comenzado su ascensión río arriba. Sólo el instinto les da fuerzas para luchar contra corriente.

No todos llegan a la meta: muchos mueren exhaustos durante su titánico viaje. Al llegar al lugar de su nacimiento, las hembras ponen los huevos y los machos los fertilizan.

Ya pueden, agotados, morir: ellos sí que han sido fecundos.

Nadar en contra corriente en la vida es difícil, pero es el precio de la verdadera fecundidad ¿qué experiencias de tu vida avalan esta afirmación? ¿Qué voces desde el exterior te están tentando ahora para que no luches? ¿Cuándo y cómo has escuchado la voz de tu interior que te invitaba a seguir adelante?

Sólo somos auténticamente fecundos si somos capaces de morir un poco a nosotros mismos, como el salmón. ¿A qué tendrías que morir ahora mismo para conseguir ese tipo de fecundidad?

HUELLAS EN LA ARENA

Una noche en un sueño vi que con Jesús caminaba,
junto a la orilla del mar bajo una luna plateada.

Soñé que veía en los cielos mi vida representada,
en una serie de escenas que en silencio contemplaba.

Dos pares de firmes huellas en la arena iban quedando,
mientras con Jesús andaba, como amigos conversando.

Miraba atento esas huellas reflejadas en el cielo,
pero algo extraño observé, y sentí gran desconsuelo.

Observé que algunas veces, al reparar en las huellas,
en vez de ver los dos pares veía solo un par de ellas.

Y observaba también yo que aquel sólo par de huellas,
se advertía mayormente en mis noches sin estrellas.

En las horas de mi vida llenas de angustia y tristeza,
cuando el alma necesita más consuelo y fortaleza.

Pregunte triste a Jesús: "¿Señor, Tú no has prometido,
que en mis horas de aflicción, siempre andarías conmigo?

"Pero noto con tristeza que en medio de mis querellas,
cuando más siento el sufrir, veo sólo un par de huellas.

"¿Dónde están las otras dos que indican tu compañía,
cuando la tormenta azota sin piedad la vida mía?"

Y Jesús me contestó con ternura y comprensión:
"Escucha bien, hijo mío, comprendo tu confusión.

"Siempre te amé y te amaré, y en tus horas de dolor,
siempre a tu lado estaré para demostrarte mi amor.

"Mas si vez sólo dos huellas en la arena al caminar,
y no vez las otras dos que se deberian notar,

"Es que en tus horas aflijidas, cuando flaquean tus pasos,
no hay huellas de tus pisadas porque yo te llevo en mis brazos".

JESÚS EN TU CASA

Un día estaba un joven en su casa y alguien toco a su puerta. Al abrirla, por sorpresa encontró al diablo quien lo golpeó, lo pateó y luego se fue. Y dijo el muchacho:

— "¿Qué debo hacer?" De pronto cuando el diablo se había marchado, vio pasar a Jesús y pensó...

"¡Si él está en mi casa, el diablo no va a entrar!" Y lo invitó a pasar, le mostró la casa y le dijo:

— "¿Puedes venir mañana cuando el diablo pase por aquí...?" Y Jesús le dijo que sí. Al día siguiente, el diablo volvió a tocar la puerta, estando ya Jesús dentro de la casa. El muchacho muy tranquilo, abrió la puerta y el diablo volvió a darle una golpiza.

Entonces el joven muy molesto le reclamó a Jesús el por qué no había hecho nada para defenderlo. Y Jesús le dijo:

— "No hice nada porque no estoy en mi casa, solo estoy de visita".

El muchacho pensó un poco y lo invitó a vivir a su casa, le mostró su cuarto y le dijo: "¿Quieres seguir viviendo aquí? Este será tu cuarto", y Jesús aceptó.

Como era ya costumbre, al día siguiente tocaron nuevamente a la puerta, ¡y era otra vez el diablo! El joven, abrió la puerta muy confiado, pues ya Jesús vivía en su casa. Pero el diablo nuevamente le dio la golpiza. El joven sumamente molesto fue donde Jesús y le dijo:

— "¡Ya vives en mi casa! ¿Qué más deseas para defenderme?".
Y Jesús contesto:

— "Yo solo vivo en tu casa, en mi cuarto y mientras no estés en mi cuarto no te puedo defender". Entonces el joven reflexionó un poco y le dijo:

— "De hoy en adelante esta es tu casa, yo estaré aquí como tu invitado si me lo permites..." Y así fue.

Al otro día, tocan nuevamente la puerta, pero esta vez no fue el joven quien abrió la puerta pues ya no era el dueño de la casa. Al abrir Jesús la puerta, el diablo se disculpo pues pensó que se había equivocado de casa.

La bolsa de agua caliente

Una noche yo había trabajado mucho ayudando a una madre en su parto; pero a pesar de todo lo que hicimos, murió dejándonos un bebé prematuro y una hija de 2 años, nos iba a resultar difícil mantener al bebé con vida porque no teníamos incubadora (¡no había electricidad para hacerla funcionar!), ni facilidades especiales para alimentarlo.

Aunque vivíamos en el ecuador Africano, las noches frecuentemente eran frías y con vientos traicioneros. Una estudiante de partera fue a buscar una cuna que teníamos para tales bebés, y la manta de lana con la que lo arroparíamos. Otra fue a llenar la bolsa de agua caliente. Volvió enseguida diciéndome irritada que al llenar la bolsa, había reventado.

La goma se deteriora fácilmente en el clima tropical. "¡Y era la última bolsa que nos quedaba!", exclamó y no hay farmacias en los senderos del bosque. "Muy bien", dije, "pongan al bebé lo más cerca posible del fuego y duerman entre él y el viento para protegerlo de éste. Su trabajo es mantener al bebé abrigado".

Al mediodía siguiente, como hago muchas veces, fui a orar con los niños del orfanato que se querían reunir conmigo. Les hice a los niños varias sugerencias de motivos para orar y les conté del bebé prematuro. Les dije el problema que teníamos para mantenerlo abrigado y les mencioné que se había roto la bolsa de agua caliente y el bebé se podía morir fácilmente si tomaba frío.

También les dije que su hermanita de 2 años estaba llorando porque su mamá había muerto. Durante el tiempo de oración, Ruth, una niña de 10 años oró con la acostumbrada seguridad consciente de los niños africanos. "Por favor Dios - oró - mándanos una bolsa de agua caliente. Mañana no servirá porque el bebé ya estará muerto. Por eso, Dios MÁNDALA ESTA TARDE". Mientras yo contenía el aliento por la audacia de su oración la niña agregó: "y mientras te encargas de ello, ¿podrías mandar una muñeca para la pequeña y así pueda ver que Tú le amas realmente?".

Frecuentemente las oraciones de los chicos me ponen en evidencia. ¿Podría decir honestamente "amén" a esa oración? No creía que Dios pudiese hacerlo. Sí, claro, sé que El puede hacer cualquier cosa. Pero hay límites ¿no?, y yo tenía algunos GRANDES "peros..."

La única forma en la que Dios podía contestar esta oración en particular, era enviándome un paquete de mi tierra natal. Había ya estado en África casi cuatro años y nunca jamás recibí un paquete de mi casa. De todas maneras, si alguien llegara a mandar alguno, ¿quién iba a poner una bolsa de agua caliente?

A media tarde cuando estaba enseñando en la escuela de enfermeras, me avisaron que había llegado un auto a la puerta de mi casa. Cuando llegué el auto ya se había ido, pero en la puerta había un enorme paquete de once kilos. Se me llenaron los ojos de lágrimas. Por supuesto, no iba a abrir el paquete yo sola, así que invité a los chicos del orfanato a que juntos lo abriéramos. La emoción iba en aumento.

Treinta o cuarenta pares de ojos estaban enfocados en la gran caja. Había vendas para los pacientes del leprosorio y los chicos parecían estar un poco aburridos. Luego saqué una caja con pasas de uvas variadas, lo que servía para una buena tanda de panecillos el fin de semana. Volví a meter la mano y sentí... ¿sería posible?, la agarré y la saqué...

¡Sí era UNA BOLSA DE AGUA CALIENTE NUEVA!

Lloré... Yo no le había pedido a Dios que mandase una bolsa de agua caliente, ni si quiera creía que El podía hacerlo. Ruth estaba sentada en la primera fila, y se abalanzó gritando: "¡Si Dios mandó la bolsa, también tuvo que mandar la muñeca!". Escarbó el fondo de la caja y sacó una hermosa muñequita. A Ruth le brillaban los ojos.

Ella nunca había dudado. Me miró y dijo: "¿Puedo ir contigo a entregarle la muñeca a la niñita para que sepa que Dios la ama de verdad?" Ese paquete había estado en camino por 5 meses. Lo había preparado mi antigua escuela dominical, cuya maestra había escuchado y obedecido la voz de Dios que la impulsó a mandarme la bolsa de agua caliente, a pesar de estar en el ecuador Africano. Y una de las niñas había puesto una muñequita para alguna niñita africana cinco meses antes en respuesta a la oración de fe de una niña de 10 años que la había pedido esa misma tarde.

La canica roja

Durante los últimos años de la depresión en una pequeña comunidad del sudeste de Idaho, solía parar en el puesto de vegetales del Sr. Miller. Allí, compraba vegetales frescos y de temporada. La comida y el dinero eran todavía escasos y el trueque se utilizaba extensamente.

Un día, el Sr. Miller, estaba colocando unas patatas en un saco mientras lo observaba un pequeñín hambriento, de rasgos delicados; harapientos pero limpios.

No pude evitar escuchar la conversación entre el Hermano Miller y el niño junto a mí.

— Hola, Barry, ¿cómo está hoy?

— Hola, Sr. Miller. Muy bien, gracias. Sólo estaba admirando las habichuelas, sí que se ven muy bien.

— Están muy buenas, Barry. ¿Cómo está tu mamá?

— Bien. Se pone más fuerte cada día.

— Que Bien. ¿Te puedo ayudar en algo?

— No, señor. Sólo miraba las habichuelas.

— ¿Quisieras llevarte algunas para casa?

— No señor. No tengo con qué pagarlas.

— Bueno, ¿qué tienes que pudieras intercambiar por algunas de esas habichuelas?

— Todo lo que tengo aquí es mi canica favorita.

— ¿De veras?, déjame verla.

— Aquí está, es muy hermosa.

— ¿Puedo verla? Hmmmm, lo único es que esta es azul y a mí me gusta el rojo. ¿Tendrás una como esta pero roja en la casa?

— No exactamente, pero casi.

— Te diré algo. Llévate este paquete de habichuelas a casa y en tu próximo viaje en esta dirección me dejas ver aquella canica roja.

— Seguro. Gracias, Sr. Miller.

La Sra. Miller, quien había estado parada cerca se acercó a ayudarme. Con una sonrisa dijo:

— Hay otros dos muchachos como él en nuestra comunidad, los tres se encuentran en circunstancias muy pobres. A Jim le gusta regatear con ellos por las habichuelas, manzanas, tomates o lo que sea. Cuando regresan con sus canicas rojas, y siempre lo hacen, decide que no le gusta el rojo después de todo y les envía de vuelta a casa con un paquete de producto por una canica verde o naranja, quizás. Dejé el puesto, sonriéndome a mí misma, impresionada con este hombre.

Poco después me mudé para Utah pero nunca olvidé la historia de este hombre, los muchachos y su trueque. Pasaron varios años, cada uno más veloz que el otro. Hace poco tuve la oportunidad de visitar a algunos viejos amigos en la comunidad de Idaho y estando allí descubrí que el Hermano Miller había muerto.

Tenían su cadáver en Capilla Ardiente aquella tarde y sabiendo que mis amigos querían ir, acepté acompañarles. Al llegar a la funeraria nos colocamos en línea para saludar a los parientes del difunto y ofrecer cualesquier palabra de consuelo que pudiésemos. Delante de nosotros en la línea estaban tres hombres jóvenes.

Uno lucía un uniforme del ejército y los otros dos lucían buenos cortes de cabello, vestidos negros y camisas blancas. Se veían muy profesionales. Se acercaron a la Sra. Miller, quien estaba al lado del féretro de su esposo. Cada uno de esos tres jóvenes la abrazó, la besó en la mejilla, hablaron con ella brevemente y luego se dirigieron al féretro. Sus ojos se estaban humedeciendo, uno por uno, cada joven se detuvo brevemente colocando sus cálidas manos sobre la pálida mano en el ataúd. Los tres dejaron la funeraria secándose sus ojos.

Llegó nuestro turno para saludar a la Sra. Miller. Le dije quién era, mencioné la recordada historia que ella me había contado acerca de las canicas. Con los ojos brillantes me llevó de la mano hacia el féretro. — Los tres jóvenes que acaban de irse eran los muchachos de los que te había hablado.

Me acabaron de decir lo mucho que apreciaban las cosas que Jim "intercambió" con ellos. Ahora, al fin, cuando Jim no podía cambiar de idea sobre el color o el tamaño, vinieron a pagar su deuda. Nunca tuvimos mucha riqueza en este mundo – nos compartió – pero ahora mismo, Jim se hubiese sentido el hombre más rico de Idaho.

Con amoroso cuidado levantó los dedos sin vida de su esposo difunto y descansando debajo se hallaban tres, preciosas y brillantes canicas rojas.

La casa del cielo

⌇

Una Señora soñó que llegaba al cielo y que, junto a las ciento veinte mil personas que mueren cada día, estaban haciendo fila para saber cuál era su destino eterno. De pronto apareció San Pedro y les dijo:

"Vengan conmigo y les mostraré en que barrio está la casa que le corresponde a cada uno. Aquí la única cuota inicial que se recibe para su habitación eterna es la CARIDAD, traducida en obras de misericordia, comprensión, respeto por los demás, interés por la salvación de todos". Los fue guiando por barrios primorosos, como ella jamás hubiera pensado que pudieran existir.

Llegaron a un barrio con todas las casas en oro, puertas doradas, techos dorados, pisos de oro, muros de oro. Qué maravilla... San Pedro exclamó: "Aquí todos los que invirtieron con mucho dinero en ayudar a los necesitados; aquellos a quienes su amor a los demás si les costó en la tierra". Y fueron entrando todos los generosos, los que partieron su pan con el hambriento y regalaron sus vestidos a los pobres y consolaron a los presos y visitaron enfermos.

La señora quiso entrar pero un Ángel la detuvo diciéndole: "Perdóneme, pero usted en la tierra no daba sino migajas a los demás. Jamás dio algo que en verdad costara, ni en tiempo, ni en dinero, ni en vestidos... este barrio es solamente para los generosos". Y no la dejó entrar.

Pasaron luego a otro barrio de la eternidad. Todas las casas construidas en marfil. Qué blancura, qué primor. Los pisos de marfil, los techos de marfil. La señora se apresuró para entrar a tan hermoso barrio pero otro Ángel le tomó del brazo y le dijo respetuosamente:

"Me da pena pero este barrio es únicamente para aquellos que, en el trato con los demás fueron delicados, comprensivos y bondadosos. Y usted era muy dura, falsa y criticona, y a veces hasta grosera en el trato con los demás".

Y mientras todos los que habían sido exquisitos en sus relaciones humanas entraban gozosos a tomar posesión de sus lujosas habitaciones, la pobre mujer se quedaba por fuera, mirando con envidia a los que iban entrando a tan esplendoroso barrio. Le faltaba la cuota inicial... haber tratado bien a los demás.

Siguieron luego a un tercer barrio. Aquello era lo máximo en luminosidad y belleza. Todas las casas eran de cristal. Pero de unos cristales excepcionalmente brillantes y hermosos. Paredes de cristales multicolores, techos de cristales refractarios, ventanas de cristales que parecían arco iris.

La Señora corrió a posesionarse de una de aquellas maravillosas habitaciones, pero el Ángel portero la detuvo y le dijo muy serio: "En su pasaporte dice que usted no se interesó por enseñar a las personas que estaban a su alrededor el camino del bien y la verdad, y este barrio es exclusivamente para las personas que ayudan a los otros a buscar la felicidad.

Usted nunca se preocupó por que las personas que con usted vivían se volvieran mejores. Así que aquí no hay casa para usted". Le falta la cuota inicial... Haber ayudado a los otros a cambiar.

Entristecida la pobre mujer veía que entraban muchísimas personas radiantes de alegría a tomar posesión de su habitación eterna, mientras ella, con un numeroso grupo era llevada cuesta abajo a un barrio verdaderamente feo y asqueroso. Todas las habitaciones estaban construidas de basura. Puertas de basura. Techos de basuras. Los gallinazos sobrevolaban aquella hediondez; ratones y murciélagos rondaban por allí...

Ella se puso un pañuelo en la nariz porque la fetidez era insoportable y quiso salir huyendo, pero el guardián del barrio le dijo con voz muy seria: "Una de estas casas será tu habitación; puede pasar a tomar posesión de ella". La angustiada mujer gritó que era horrible. Que no sería capaz de habitar en ese montón de basuras. Y el Ángel le respondió:

"Señora, esto es lo único que hemos podido construir con la cuota inicial que usted envió desde la tierra. Las habitaciones de la eternidad las hacemos con la cuota inicial que las personas mandan desde el mundo. Usted solamente nos enviaba cada día egoísmo, maltrato a los demás, murmuraciones, críticas, palabras hirientes, tacañerías, odios, rencores, envidias. ¿Qué más podríamos haberle construido? Usted misma nos mandó el material para hacerle su 'MANSIÓN'".

La mujer empezó a llorar y a decir que no quería quedarse a vivir allí y de pronto, al hacer un esfuerzo por sacarse de las manos de quien la quería hacer entrar en semejante habitación, dio un salto y se despertó. Tenía la almohada empapada de lágrimas... Pero aquella pesadilla le sirvió de examen de conciencia, y desde entonces empezó a pagar la cuota inicial de su casa en la eternidad.

Generosidad con los necesitados, bondad en el trato con los demás, preocupación por enseñar a otros el camino del bien.

La corona del gusano

Dos gusanos vivían en un árbol frondoso. En un momento dado, uno de ellos, movido de un fuerte impulso interior, comenzó a encerrarse en un capullo de seda. Hasta ese momento los dos habían sido grandes amigos.

— ¿Qué estás haciendo? - gritó espantado su compañero – ¿Te has vuelto loco? El impulso era tan fuerte que el gusano no respondió. Era un gusano que se emocionaba con facilidad cuando hacía algo nuevo.

— ¿Ya has pensado lo que eso significa? – siguió su compañero, que era mucho más reflexivo y prudente – ¡vas a aislarte del árbol! ¿Y las jugosas hojas que estás dejando? ¿Y los nuevos brotes del tallo central? ¡No podrás comer ni moverte por el árbol si te encierras ahí!

Dado que su compañero no respondía, el orador decidió buscar apoyo moral en los demás gusanos y trajo unos cuantos junto al capullo de seda, que ya estaba por terminarse.

— ¡No cierres aún, espera!

Y escuchó al coro de gusanos que decía: "mira lo que dejas, mira lo que dejas..." pero se encerró tras la seda, pues el impulso era muy fuerte y no podía explicarlo.

Los gusanos se quedaron mirando la cápsula de seda y pasaron toda la tarde comentando el suceso. "Se volvió loco", decían. "¡Qué aburrida debe ser la vida ahí dentro!", y "¡mira lo que se está perdiendo!, ¿A quién le cabe en la cabeza despreciar un árbol tan frondoso?... ¿tú te encerrarías ahí?... ¡con lo simpático y joven que era!"

Después de un tiempo encontraron el capullo roto y vacío. No supieron qué pensar, así que decidieron mantener sus opiniones y seguir mascando hojas y ramitas sin volver a tocar el tema del capullo de seda. Mientras tanto una mariposa hermosísima se alejaba del árbol volando hacia el atardecer.

¿Qué importa ir contra corriente si el fruto de tu decisión te transforma en lo que siempre soñaste sin saberlo?

La ermita

Cuenta una antigua leyenda Noruega, acerca de un hombre llamado Haakon, quien cuidaba una ermita. En ella se veneraba un crucifijo de mucha devoción. Este crucifijo recibía el nombre bien significativo de: "Cristo de los favores". Todos acudían allí para pedirle al Cristo.

Un día el ermitaño Haakon quiso pedirle un favor. Lo impulsaba un pensamiento muy generoso. Se arrodillo ante la imagen y le dijo: "Señor, quiero padecer por ti. Déjame ocupar tu puesto. Quiero reemplazarte en la cruz". Y se quedó fijo con la mirada puesta en la Sagrada Efigie, como esperando la respuesta.

El crucificado abrió sus labios y habló. Sus palabras cayeron de lo alto, susurrantes y amonestadoras: "Siervo mío, accedo a tu deseo, pero ha de ser con una condición". "¿Cual señor?", preguntó con acento suplícate Haakon.

— ¿Es una condición difícil? ¡Estoy dispuesto a cumplirla con tu ayuda, Señor! – respondió el viejo ermitaño.

"Escucha, suceda lo que suceda y veas lo que veas, has de guardar silencio siempre". Haakon contestó: "¡Os lo prometo Señor! ¡". Y se efectuó el cambio. Nadie advirtió el trueque. Nadie reconoció al ermitaño, colgado con los clavos en la cruz. El señor ocupaba el puesto de Haakon, y este por largo tiempo cumplió el compromiso. A nadie dijo nada. Los devotos seguían desfilando pidiéndole favores.

Pero un día, llego un rico, después de haber orado, dejo allí olvidada su cartera. Haakon lo vio y calló. Tampoco dijo nada cuando un pobre, que vino dos horas después, se apropió de la cartera del rico. Ni tampoco dijo nada cuando un muchacho se postró ante el poco después para pedirle su gracia antes de emprender un largo viaje. Pero en ese momento volvió a entrar el rico en busca de la bolsa. Al no hallarla, pensó que el muchacho se la había apropiado.

El rico se volvió al joven y le dijo iracundo: ¡Déjame la bolsa que me has robado! El joven sorprendido, replicó: "¡No he robado ninguna bolsa!". "¡No mientas, devuélvemela enseguida!". "¡Le repito que no he tomado ninguna bolsa!", afirmó el muchacho. El rico arremetió furioso contra él.

Sonó entonces una voz fuerte: "¡Detente!" El rico miró hacia arriba y vio que la imagen le hablaba. Haakon, que no pudo permanecer en silencio, gritó, defendió al joven e increpó al rico por la falsa acusación. Este quedó anonadado y salió de la ermita. El joven salió también porque tenía prisa para emprender el viaje.

Cuando la ermita quedo a solas, Cristo se dirigió a su siervo y dijo: "Baja de la cruz, no sirves para ocupar mi puesto. No has sabido guardar silencio". "Señor – dijo Haakon –, ¿cómo iba a permitir esa injusticia?" Se cambiaron los oficios. Jesús ocupó la Cruz de nuevo y el ermitaño quedó ante el crucifijo. El Señor, clavado, siguió hablando:

"Tú no sabías que al rico le convenía perder la bolsa pues llevaba en ella el precio de la virginidad de una joven, el pobre, por el contrario, tenía necesidad de ese dinero e hizo bien en llevárselo; en cuanto al muchacho que iba a ser golpeado, sus heridas le hubiesen impedido realizar el viaje que para él resultaría fatal. Ahora, hace unos minutos acaba de zozobrar el barco y él ha perdido la vida. Tú no sabías nada. Yo si sé. Por eso callo. Y la sagrada imagen del Crucificado guardó silencio".

"Dios calla, y cuando habla, sus palabras no destruyen del todo". Su divino silencio son palabras destinadas a convencernos de que el misterio del dolor en este caso seguirá, de cualquier modo, siendo un misterio. Su divino silencio, transformado en palabras, nos da el mensaje de: ¡CONFIAD EN MI, QUE SE BIEN LO QUE DEBO HACER!

La esposa jorobada

⁓ 𝓜 ⁓

Moisés Mendelssohn, abuelo del conocido compositor alemán, distaba mucho de ser guapo y apuesto. Además de una estatura algo baja, tenía una grotesca joroba.

Un día visitó a un mercader de Hamburgo que tenía una Hermosa hija llamada Frumtje. Moisés se enamoró perdidamente de ella, pero a ella le repelía su apariencia deforme. Cuando llegó el momento de despedirse, Moisés hizo acopio de su valor y subió las escaleras hasta donde estaba el cuarto de aquella hermosa joven, para tener la última oportunidad de hablar con ella.

Era tan hermosa, pero a Moisés le entristecía profundamente su negativa al mirarlo. Después de varios intentos de conversar con ella, le preguntó tímidamente:

— ¿Crees que los matrimonios se crean en el cielo?

— Sí - respondió ella, todavía mirando al suelo.

— ¿Y tú...?

— Sí, lo creo – contestó –. Verás: En el cielo, cada vez que un niño nace, el Señor anuncia con que niña se va a casar. Cuando yo nací, me fue señalada mi futura esposa. Entonces el Señor añadió:

— "Pero tu esposa será jorobada".

Justo en ese momento exclamé:

— "Oh, Señor, una mujer jorobada sería una tragedia, dame a mí la joroba y permite que ella sea hermosa"...

Entonces Frumtje levantó la mirada para contemplar los ojos de Moisés, pudo apreciar su belleza interior y un hondo recuerdo la conmovió. Alargó su mano y se la dio a Moisés, tiempo después, ella se convirtió en su esposa.

LA ESTRELLA VERDE

Existían millones de estrellas en el cielo. Estrellas de todos los colores; blancas, plateadas, verdes, doradas, rojas y azules. Un día inquietas, ellas se encontraron a Dios y le dijeron: "Señor Dios, nos gustaría vivir en la tierra entre los hombres". "Así será, hecho", respondió el Señor. "Las conservaré a todas ustedes pequeñitas, como son vistas para que puedan bajar para la tierra". Cuéntese que, en aquella noche, hubo una linda lluvia de estrellas.

Algunas se acurrucaron en las torres de las iglesias, otras fueron a jugar y a correr junto con las luciérnagas por los campos, otras se mezclaron con los juguetes de los niños y la tierra quedo maravillosamente iluminada. Pero con el pasar del tiempo, las estrellas resolvieron abandonar a los hombres y volver para el cielo, dejando la tierra oscura y triste. "¿Por qué volvieron?", preguntó Dios, a medida que ellas iban llegando al cielo. "Señor, no nos fue posible permanecer en la tierra. Allá existe mucha miseria y violencia, mucha maldad, mucha injusticia".

Y el Señor les dijo:

"¡Claro! El lugar de ustedes es aquí en el cielo. La tierra es el lugar de lo transitorio, de aquello que pasa, de aquel que cae, de aquel que yerra, de aquel que muere, nada es perfecto. El cielo es el lugar de la perfección, de lo inmutable, de lo eterno, donde nada perece".

Después que llegaron todas las estrellas y verificando su número, Dios habló de nuevo: "¡Nos está faltando una estrella! ¿Será que se perdió en el camino?" Un ángel que estaba cerca replicó: "No Señor, una estrella resolvió quedarse entre los hombres. Ella descubrió que su lugar era exactamente donde existe la imperfección, donde hay límite, donde las cosas no van bien, donde hay lucha y dolor". "¿Qué estrella es esa?", volvió Dios a preguntar. "Es la esperanza, Señor".

La estrella verde. La única estrella de ese color. Y cuando miraron para la tierra, la estrella no estaba sola. La tierra estaba nuevamente iluminada porque había una estrella verde en el corazón de cada persona, porque el único sentimiento que el hombre tiene y Dios no necesita tener es la esperanza. Dios ya conoce el futuro y la esperanza es propia de la persona humana, propia de aquel que yerra, de aquel que no es perfecto, de aquel que no sabe cómo será el futuro.

LÁGRIMAS DEL DESIERTO

En cuanto llegó a Marrakech, el misionero decidió que todas las mañanas daría un paseo por el desierto que comenzaba tras los límites de la ciudad.

En su primera caminata, vio a un hombre estirado sobre la arena, con la mano acariciando el suelo y el oído pegado a tierra. "Es un loco", pensó.

Pero la escena se repitió todos los días, por lo que, pasado un mes, intrigado por aquella conducta extraña, resolvió dirigirse a él. Con mucha dificultad, ya que aún no hablaba árabe con fluidez, se arrodilló a su lado y le preguntó:

— ¿Señor, qué es lo que está haciendo?–.

— Hago compañía al desierto, y lo consuelo por su soledad y sus lágrimas–.

— No sabía que el desierto fuese capaz de llorar–.

Llora todos los días, porque sueña con volverse útil para el hombre y transformarse en un inmenso jardín, donde se puedan cultivar las flores y toda clase de plantas y cereales–.

Pues dígale al desierto que él cumple bien su misión – comentó el misionero. – Cada vez que camino por aquí, comprendo mejor la verdadera dimensión del ser humano, pues su espacio abierto me permite ver lo pequeños que somos ante Dios. Cuando contemplo sus arenas, imagino a las millones de personas en el mundo que fueron criadas iguales, aunque no siempre el mundo sea justo con todas. Sus montañas me ayudan a meditar. Al ver el sol naciendo en el horizonte, mi alma se llena de alegría, y me aproxima al Creador –.

El misionero dejó al hombre y volvió a sus quehaceres diarios. Cual no fue su sorpresa al encontrarlo a la mañana siguiente en el mismo lugar y en la misma posición.

—¿Ya transmitió al desierto todo lo que le dije? – preguntó.

El hombre asintió con un movimiento de cabeza.

— ¿Y aún así continúa llorando? –.

— Puedo escuchar cada uno de sus sollozos. Ahora él llora porque pasó miles de años pensando que era completamente inútil, desperdició todo ese tiempo blasfemando contra Dios y su destino –.

— Pues explíquele que, a pesar de que el ser humano tiene una vida mucho más corta, también pasa muchos de sus días pensando que es inútil. Rara vez descubre la razón de su destino, y casi siempre considera que Dios ha sido injusto con él. Cuando llega el momento en que, finalmente, algún acontecimiento le demuestra por qué y para qué ha nacido, considera que es demasiado tarde para cambiar de vida, y continúa sufriendo. Y, al igual que el desierto, se culpa por el tiempo que perdió –.

— No sé si el desierto me escuchará – dijo el hombre –. El ya está acostumbrado al dolor, y no consigue ver las cosas de otra manera –.

— Entonces, oremos para que recupere la esperanza–.

Ambos se arrodillaron y rezaron; uno se giró en dirección a la Meca porque era musulmán, el otro juntó las manos en plegaria porque era cristiano. Cada uno rezó a su Dios, que siempre fue el mismo, aunque las personas insistieran en llamarlo con nombres diferentes.

Al día siguiente, cuando el misionero retornó de su caminata matinal, el hombre ya no estaba allí. En el lugar donde acostumbraba abrazar la arena, el suelo parecía mojado, ya que había nacido una pequeña fuente. En los meses subsiguientes, esta fuente creció y los habitantes de la ciudad construyeron un pozo en torno a ella.

Los beduinos llaman al lugar "Pozo de las Lágrimas del Desierto". Dicen que todo aquel que beba su agua conseguirá transformar el motivo de su sufrimiento en la razón de su alegría, y terminará encontrando su verdadero destino.

La higuera en la piedra

Un día, caminando por las sierras, disfrutando del paisaje y del descanso del fin de semana, encontré algo que me llamó poderosamente la atención: una pequeña higuera creciendo en una piedra. Como estaba con la cámara fotográfica, hice una foto, y mientras lo hacía, pensé, tengo que hacer un artículo sobre esto.

Muchos se preguntarán qué me llevó a hacer un artículo sobre una simple higuera. Pues bien, les diré que me llamó poderosamente la atención el nacimiento de este árbol frutal en un medio tan hostil y tan diferente al tradicional y todo esto lo relacioné con la disposición que tiene cada ser humano al afrontar en esta vida tantas dificultades.

Cuando veía la higuera creciendo en la roca, paralelamente me acordaba de mucha gente que he escuchado, a lo largo de mi vida, decir estar deprimida, con problemas, que no podían salir adelante o con falta de tiempo para realizar un trabajo interior por no estar en un medio adecuado.

La higuera en la piedra me hizo pensar en todas aquellas personas que no supieron adaptarse al medio ambiente y sucumbieron ante las adversidades de la vida, y que ni siquiera entendieron el por qué de su paso por la vida.

Muchos pensamientos, de una manera intuitiva, me pasaron por la cabeza; me alegraba cuando veía esta higuera cumpliendo con su misión en la tierra... crecer a pesar de todo.

Todo ello me llevó a la reflexión; una reflexión que sólo me reafirmaba lo que ya sabía, pero intuitivamente sabía que tenía que escribir este artículo para muchos que aún necesitan reafirmar que no importa el medio en que uno viva, o en qué familia ha nacido, si es pobre o rico, si nació en el primer mundo o en el último, si nació con problemas o sin ellos.

La vida tiene muchas facetas y nosotros, al igual que la higuera, sólo tenemos que crecer a pesar de los obstáculos, aprender y crecer espiritualmente. Ese es nuestro fin, nuestro destino en nuestra evolución. Sucumbir en nuestra evolución es sólo demorar nuestra felicidad. Debemos ser como la higuera; no sólo crecer, sino también dar frutos para que otros también puedan crecer.

LA HORMIGA Y EL LIRIO

Había una vez una hormiga, que como toda buena hormiga era trabajadora y servicial. Se la pasaba acarreando hojitas de día y de noche: casi no tenía tiempo para descansar. Y así transcurría su vida, trabajando y trabajando.

Un día fue a buscar comida a un estanque que estaba un poco lejos de su casa, y para su sorpresa al llegar al estanque vio como un botón de lirio se abría y de él surgía una hermosa y delicada florecilla.

Se acercó: – "Hola ¿Sabes? Eres muy bonito, ¿qué eres?

Y la florecita contestó: "Soy un lirio. Gracias. ¿Sabes? Eres muy simpática. ¿Qué eres?"

— "Soy una hormiga. Gracias también".

Y así la hormiga y el lirio siguieron conversando todo el día, haciéndose grandes amigos, cuando iba anochecer la hormiga regresó a su casa, no sin antes de prometer al lirio que volvería al día siguiente.

Mientras iba caminando a casa, la hormiga descubrió que admiraba a su nuevo amigo, que lo quería muchísimo y se dijo, "Mañana le diré que me encanta su forma de ser, mañana".

Y el lirio al quedarse solo se dijo, "Me gusta la amistad de la hormiga, mañana cuando venga se lo diré".

Pero al día siguiente la hormiguita se dio cuenta de que no había trabajado nada el día anterior. Así que decidió quedarse a trabajar y se dijo, "Mañana iré con el lirio. Hoy no puedo, estoy demasiado ocupada, mañana y le diré además, que le extraño".

Al día siguiente amaneció lloviendo, y la hormiga no pudo salir de su casa y se dijo, "Que mala suerte hoy tampoco veré al lirio. Bueno no importa mañana le diré todo lo especial que es para mí". Y al tercer día la hormiguita se despertó muy temprano y se fue al estanque, pero al llegar encontró al lirio en el suelo, ya sin vida.

La lluvia y el viento habían destrozado su tallo. Entonces la hormiga pensó, "Qué tonta fui, desperdicié demasiado tiempo, mi amigo se fue sin saber todo lo que lo quería, en verdad me arrepiento".

Y así fue como ambos nunca supieron lo importante que eran.

LA HORROROSA PUERTA NEGRA

Érase una vez en el país de las mil y una noches... En este país había un rey que era muy polémico por sus acciones, tomaba a los prisioneros de guerra y los llevaba hacia una enorme sala. Los prisioneros eran colocados en grandes hileras en el centro de la sala y el rey gritaba diciéndoles: "Les voy a dar una oportunidad, miren el rincón del lado derecho de la sala..." Al hacer esto, los prisioneros veían a algunos soldados armados con arcos y flechas, listos para cualquier acción.

"Ahora, — continuaba el rey — miren hacia el rincón del lado izquierdo..." Al hacer esto, todos los prisioneros notaban que había una horrible y grotesca puerta negra, de aspecto dantesco, cráneos humanos servían como decoración y el picaporte para abrirla era la mano de un cadáver... En verdad, algo verdaderamente horrible sólo de imaginar, mucho más para ver.

El rey se colocaba en el centro de la sala y gritaba: "Ahora escojan, ¿qué es lo que ustedes quieren, Morir clavados por flechas o abrir rápidamente aquella puerta negra y pasar por ella? Ahora decidan, tienen libre albedrío, escojan..."

Todos los prisioneros tenían el mismo comportamiento: a la hora de tomar la decisión, ellos llegaban cerca de la horrorosa puerta negra de más de cuatro metros de altura, miraban los cadáveres, la sangre humana y los esqueletos con leyendas escritas del tipo: "viva la muerte", y decían: "Prefiero morir flechado..." Uno a uno, todos actuaban de la misma forma, miraban la puerta negra y a los arqueros de la muerte y decían al rey: "Prefiero ser atravesado por flechas a abrir esa puerta y pasar por ella"

Millares optaron por lo que estaban viendo: la muerte por las flechas.

Un día, la guerra terminó, pasado el tiempo, uno de los soldados del "pelotón de flechas" estaba barriendo la enorme sala cuando apareció el rey.

El soldado con toda reverencia y un poco temeroso, preguntó: "Sabe, gran rey, yo siempre tuve una curiosidad, no se enfade con mi pregunta., pero... ¿qué es lo que hay detrás de aquella puerta?"

El rey respondió... "¿Recuerdas que a los prisioneros siempre les di la opción de escoger? Pues bien...ve y abre esa puerta negra".

El soldado, temeroso, abrió cautelosamente la puerta y sintió un rayo puro de sol besar el suelo de la enorme sala, abrió un poco más la puerta y más luz y un delicioso aroma a verde llenaron el lugar.

El soldado notó que la puerta negra daba hacia un campo que apuntaba a un gran camino. Fue ahí que el soldado se dio cuenta de que la puerta negra llevaba hacia la Libertad.

LA IMPORTANCIA DE UN ELOGIO

El estaba en el tercer grado de primaria, el primer año que yo enseñé en la escuela, Saint Mary's en Morris, Minnesota. Mis estudiantes eran queridos para mí, pero Mark Eklund era uno en un millón. Muy buena presentación tenía esa actitud "feliz-de-estar-vivo" que hasta hacía que su mal comportamiento ocasional fuera delicioso. Mark hablaba incesantemente.

Yo tenía que recordarle una y otra vez que hablar sin permiso no era aceptable. Sin embargo, lo que me impresionaba mucho era su respuesta sincera cada vez que yo tenía que corregirlo por no portarse bien. "¡Gracias por corregirme hermana!"

Al principio no sabía cómo comportarme, pero después de poco tiempo, me acostumbré a escucharlo muchas veces al día. Una mañana yo me empezaba a impacientar, cuando Mark habló demasiado y entonces cometí un error de maestra novata. Miré a Mark y le dije "Si dices una sola palabra más, te pondré cinta en la boca".

No habían pasado diez segundos cuando Chuck dijo "Mark está hablando de nuevo". Yo no le había pedido a ningún alumno que me ayudara, pero ya que había dicho el castigo en frente de toda la clase, debía aplicarlo. Recuerdo la escena como si hubiera ocurrido esta mañana.

Caminé hacia mi escritorio, abrí muy deliberadamente cada uno de los cajones y saqué la cinta adhesiva. Sin decir una palabra, me acerqué al escritorio de Mark, corté dos piezas de cinta e hice una gran X sobre su boca. Después regresé al frente del salón.

Al momento que miré de reojo a Mark, ¡él me guiñó un ojo! ¡Con eso tuve! Comencé a reír. La clase vitoreaba mientras yo caminaba hacia el escritorio de Mark, removí la cinta y me encogí de hombros. Sus primeras palabras fueron "Gracias por corregirme, hermana".

Al final del año, me pidieron que enseñara matemática en secundaria. Los años volaron y antes de que me diera cuenta, Mark estaba en mi clase de nuevo. Estaba más guapo que nunca e igual de educado. Debido a que escuchaba atentamente a mis instrucciones en la "nueva matemática", no habló tanto en 3ro de secundaria como lo hizo en 3ro de primaria.

Un viernes las cosas simplemente no se sentían bien. Habíamos estado trabajando en un nuevo concepto toda la semana, y yo sentía que los estudiantes no estaban entendiendo, frustrados consigo mismos y tensos uno con el otro. Tenía que detener eso antes de que se saliera de control, así que les pedí una lista de los nombres de los otros estudiantes del salón en dos hojas de papel, dejando un espacio entre cada nombre.

Después les dije que pensaran en la cosa más bonita que pudieran decir de cada uno de sus compañeros y que la escribieran. Les tomó el resto de la clase terminar la asignación y mientras se iban, cada uno me entregó los papeles. Charlie sonrió; Mark dijo, "Gracias por enseñarme, Hermana. Que tenga un buen fin de semana".

Ese sábado escurrí el nombre de cada alumno en una hoja de papel por separado y listé lo que cada uno había dicho de ese individuo. El lunes le di a cada alumno su lista. Muy pronto todos los alumnos estaban sonriendo. Escuché que les agrado mucho a todos. Nunca nadie mencionó esos papeles en clase otra vez. Yo nunca supe si los discutieron después de clase o con sus padres, pero no importaba.

La actividad había cumplido su propósito. Los estudiantes estaban contentos consigo mismo y con los demás de nuevo. Ese grupo de estudiantes siguió adelante con sus estudios. Varios años más tarde, después de que regresé de vacaciones, mis padres me recogieron en el aeropuerto.

Mientras íbamos de regreso a casa, mamá me hizo las preguntas usuales acerca de mi viaje, el clima, mi experiencia en general. Hubo una pausa en la conversación. Mamá le dio una mirada a Papá y simplemente dijo:" ¿Papá?". Mi padre se aclaró la garganta como lo hace antes de algo importante.

"Los Eklunnds llamaron ayer en la noche", empezó. "¿De veras?", dije. "No he sabido nada de ellos en años. Me pregunto cómo estará Mark". Papá respondió calladamente, "Mark murió en Vietnam" dijo.

"El funeral es mañana y a sus padres les gustaría que tú fueras". Hasta este día aun puedo recordar exactamente el letrero I-494 dónde Papá me dijo lo de Mark.

Yo nunca antes había visto a un soldado en un ataúd militar. Mark se veía tan guapo, tan maduro. Todo lo que podía pensar en ese momento era, "Mark, daría toda la cinta adhesiva del mundo si tan sólo pudieras hablarme". La iglesia estaba llena con los amigos de Mark. La hermana de Chuck canto "El himno de batalla de la república". ¿Por qué tenía que llover el día del funeral? Ya era suficiente difícil con la grava.

El sacerdote dijo las oraciones habituales y le tocó música. Los que amaron a Mark, caminaron, uno por uno, cerca del ataúd y lo rociaron con agua bendita. Yo fui la ultima en bendecir el ataúd. En ese momento, uno de los soldados se me acerco y pregunto, "¿Era usted la maestra de matemáticas de Mark?"

Yo sentí, mientras continuaba mirando fijamente el ataúd. "Mark hablaba mucho de usted", me dijo. Después del funeral, la mayoría de los antiguos compañeros de clase de Mark, se dirigieron a la granja de Chuck, para almorzar.

"Queremos enseñarle algo "dijo su padre, sacando una cartera de su bolsillo". Le encontraron esto a Mark cuando murió. Pensamos que a lo mejor lo reconocería". Abriendo la billetera, cuidadosamente saco dos piezas de una libreta que Mark obviamente había sacado, pegando y doblando muchas veces.

Yo sabía sin mirar que los papeles eran en los que yo había listado todas las cosas buenas que cada uno de los compañeros de Mark habían dicho de él. "Muchas gracias por haber hecho esto", dijo la mamá de Mark. "Como puede ver, Mark lo valoraba". Los compañeros de Mark se empezaban a reunir alrededor de nosotros. Charlie sonrió y dijo, "Yo todavía tengo mi lista".

Está en el cajón de arriba de mi escritorio en mi casa. La esposa de Chuck dijo:

"Chuck me pidió que pusiera la suya en nuestro álbum de bodas". "Yo también tengo la mía" dijo Marilyn. "Está en mi diario". Entones

Vicki, otra compañera, sacó la cartera de su bolsa y enseñó su lista ya vieja al grupo.

"Siempre cargo con esto", dijo Vicki. "Creo que todos aún tenemos nuestras listas". Ahí fue cuando yo finalmente me senté y lloré. Lloré por Mark, por todos sus amigos que nunca lo verían de nuevo.

LA MEJOR ENTREVISTA

Una vez un hombre muy afortunado había conseguido la mejor entrevista de su vida: Iba a entrevistar ni más ni menos que a Dios… Esa tarde el hombre llegó a su casa dos horas antes, se arregló con sus mejores ropas, lavó su automóvil e inmediatamente salió de su hogar. Manejó por la avenida principal rumbo a su cita, pero en el trayecto cayó un chubasco que produjo un embotellamiento de tránsito y quedó parado.

El tiempo transcurría, eran las 7:30 y la cita era a las 8:00 p.m. Repentinamente le tocaron el cristal de la ventanilla y al voltear vio a un chiquillo de unos nueve años ofreciendo su cajita llena de chicles (goma de mascar). El hombre sacó algún dinero de su bolsillo y cuando lo iba a entregar al niño ya no lo encontró. Miró hacia el suelo y ahí estaba, en medio de un ataque de epilepsia. El hombre abrió la puerta e introdujo al niño como pudo al automóvil.

Inmediatamente buscó como salir del embotellamiento y lo logró, dirigiéndose al hospital de la cruz roja más cercana ahí entrego al niño, y después de pedir que lo atendiesen de la mejor forma posible, se disculpó con el doctor y salió corriendo para tratar de llegar a su cita con Dios. Sin embargo, el hombre llegó 10 minutos tarde y Dios ya no estaba. El hombre se ofendió y le reclamo al cielo:

— Dios mío, pero tú te diste cuenta. No llegué a tiempo por el niño, ¿no me pudiste esperar? ¿Qué significan 10 minutos para un ser eterno como Tú? Desconsolado se quedo sentado en su automóvil; de pronto lo deslumbró una luz y vio en ella la cara del niño a quien auxilió. Vestía el mismo suéter deshilachado, pero ahora tenía el rostro iluminado de bondad. El hombre, entonces, escuchó en su interior una voz:

— Hijo mío, no te pude esperar y salí a tu encuentro.

LA MUJER

Cuenta una leyenda que al principio del mundo, cuando Dios decidió crear a la mujer, encontró que había agotado todos los materiales sólidos en el hombre y no tenía más de qué disponer. Ante este dilema y después de profunda meditación, hizo esto:

Tomó la redondez de la luna, las suaves curvas de las olas, la tierna adhesión de la enredadera, el tinte delicado de las flores, la amorosa mirada del cuervo, la alegría del rayo de sol y las gotas de llanto de las nubes; la inconstancia del viento y la fidelidad del perro, la timidez de la tórtola y la vanidad del pavo real, la suavidad de la pluma del cisne y la dureza del diamante, la dulzura de la paloma y la crueldad del tigre, el ardor del fuego y la frialdad de la nieve.

Mezcló tan desiguales ingredientes, formó a la mujer y se la dio al hombre. Después de una semana vino el hombre y le dijo: - "Señor, la criatura que me diste me hace desdichado, quiere toda mi atención, nunca me deja solo, charla intensamente, llora sin motivo, se divierte en hacerme sufrir y vengo a devolvértela porque ¡NO PUEDO VIVIR CON ELLA!"

"Bien", contestó Dios, y tomó a la mujer.

Pasó otra semana, volvió el hombre y le dijo: "Señor, me encuentro muy solo desde que te devolví a la criatura que hiciste para mi, ella cantaba y jugaba a mi lado, me miraba con ternura, y su mirada era una caricia, reía y su risa era una melodía, era hermosa a la vista y suave al tacto. Devuélvemela porque ¡NO PUEDO VIVIR SIN ELLA!"

Y es así como al final de los tiempos el hombre y la mujer siguen unidos, en el propósito original de Dios porque ya no son dos sino uno como es y deberá ser siempre.

La oruga

Un pequeño gusanito caminaba un día en dirección al sol. Muy cerca del camino se encontró con un chapulín:

— ¿Hacia dónde te diriges?, le preguntó. Sin dejar de caminar el gusanito le contestó:

— Tuve un sueño anoche: soñé que desde la punta de la gran Montaña yo miraba todo el valle. Me gusto lo que vi en mi sueño y he decidido realizarlo. Sorprendido, el chapulín dijo, mientras su amigo se alejaba:

— ¡Debes estar loco! ¿Cómo podrías llegar hasta aquel lugar? ¡Tú, una simple oruga! Una piedra será para ti una Montaña, un pequeño charco un mar y, cualquier tronco una barrera infranqueable. Pero el gusanito ya iba lejos y no lo escuchó. Sus diminutos pies no dejaron de moverse.

La oruga continúo su camino habiendo avanzado ya unos cuantos centímetros. Del mismo modo, la rana, el topo, y la flor, aconsejaron a nuestro amigo a desistir de su sueño.

—¡No lo lograrás jamás! – le dijeron, pero en su interior había un impulso que lo obligaba a seguir. Ya agotado, sin fuerzas, y a punto de morir, decidió parar a descansar y construir, con su último esfuerzo, un lugar donde pernoctar.

— Estaré mejor –, fue lo último que dijo y murió. Todos los animales del valle, por días fueron a mirar sus restos. Ahí estaba el animal más loco del pueblo. Había construido como su tumba, un monumento a la insensatez. Ahí estaba un duro refugio, digno de uno que murió "por querer realizar un sueño irrealizable".

Una mañana en la que el sol brillaba de una manera especial, todos los animales se congregaron en torno a aquello que se había convertido en una ADVERTENCIA PARA LOS ATREVIDOS. De pronto, quedaron atónitos. Aquella concha dura comenzó a quebrarse y, con asombro, vieron unos ojos y unas antenas que no podía ser la de la oruga, que creían muerta.

Poco a poco, como para darles tiempo de reponerse del impacto, fueron saliendo las hermosas alas, arco iris de aquel impresionante ser que tenían frente a ellos: "¡UNA MARIPOSA!" No hubo nada que decir, todos sabían lo que haría: se iría volando hasta la gran Montaña y realizaría un sueño; el sueño por el que había vivido, por el que había muerto, y por el que había vuelto a vivir.

LA PEQUEÑA ESCALERA GIGANTE

Un carpintero se puso un día a construir una escalera de caracol, sería tan grande, que por ella lograría llegar al cielo. Mientras trabajaba arduamente en la construcción de su gigante escalera, un vecino se le acercó y le dijo: — Oye, se ve que tu escalera es enorme y... yo necesito alguna madera para reparar mi mesa, ¿me podrías regalar algunos trozos de tu escalera?—. —Por supuesto, tome todos los que necesite-. Contesto el carpintero, y siguió trabajando en su escalera.

Poco después, una señora se acercó al carpintero y le dijo: —Señor, que suerte que me encuentro con usted, ¿sabe?, ando en busca de un poco de leña para coser mis alimentos, ya busque por todas partes y no encontré nada, pero veo que usted tiene una escalera muy grande, ¿me podría regalar algunos trozos de su escalera?-. -Por su puesto señora, tome todo lo que necesite-. Contesto amablemente el señor.

Después vino otra persona y le explicó que permitiéndole usar unos peldaños de su escalera, trabajaría y alimentaría a sus hijos. El carpintero accedió y le regalo unos peldaños. El hombre se retiró contento y agradeciendo la generosidad de aquel amable carpintero.

El carpintero continúo trabajando en su obra. Pasó por allí un pobre anciano se acercó y le pidió que le regalara un pedazo de madera, ya que era urgente arreglar una pared de su casa, por la que se colaba el viento. El carpintero accedió. El anciano se alejo muy contento y agradecido.

Vinieron muchas más personas a pedirle trozos de su escalera y el carpintero seguía accediendo. El invierno era duro, la miseria muy grande y el carpintero daba a todos pedazos de su escalera, aun para quemarlos como leña. Y decía a su esposa:

— No comprendo mujer. Mi escalera es cada vez más chica y, sin embargo, ¡subo por ella cada vez más al cielo! Ella le respondió:

—¿Viejo, acaso no te has dado cuenta que por tu generosidad, el cielo está más cerca de la tierra?

Las manos más hermosas

Una leyenda cuenta que hace mucho tiempo vivían en un palacio real tres hermosas damas. Una mañana, mientras paseaban por el maravilloso jardín con sus fuentes y rosales, empezaron a preguntarse cuál de las tres tenía las manos más hermosas.

Elena, que se había teñido los dedos cortando las deliciosas fresas, pensaba que las suyas eran las más hermosas. Antonieta había estado entre las rosas fragantes y sus manos habían quedado impregnadas de perfume. Para ella las suyas eran las más hermosas.

Juana había metido los dedos en el claro arroyo y las gotas de agua daban resplandores como si fueran diamantes. Ella pensaba que sus manos eran las más hermosas.

En esos momentos, llegó una muchacha misteriosa que pidió que le dieran una limosna, pero las damas reales apartaron de ella sus vestiduras reales y se alejaron. La mendiga, pasó a una cabaña que se hallaba cerca de allí y una mujer tostada por el sol y con las manos manchadas por el trabajo, le dio pan.

La mendiga, continua diciendo la leyenda, se transformó en un ángel que apareció en la puerta del jardín y dijo: "Las manos más hermosas son aquellas que están dispuestas a bendecir y ayudar a sus semejantes".

La soledad de un anciano

Sentado en una banqueta, con los pies descalzos sobre las baldosas rotas de la vereda, su gorra marrón ya gastada, su bigote blanco y sus arrugadas manos sosteniendo un bastón viejo de madera, cuyo mango estaba envuelto con un trapo blanco lleno de las marcas propias del uso de años; sus pantalones, que arremangados dejaban libres sus pantorrillas, una camisa blanca con flecos del tiempo, mal abotonada, y un chaleco de lana, tejido seguramente a mano; miraba la nada, desde la precisa y envidiable perspectiva que da la experiencia.

El viejo lloró, y en su única lágrima expresó tanto, que me fue muy difícil acercarme, preguntarle, o siquiera consolarlo. Por enfrente de su casa pasé mirándolo y al cambiar su mirada fijándola en mí, le sonreí y lo saludé con un gesto, aunque no crucé la calle; es que no me animé, pues no lo conocía y si bien entendí, que en la mirada de aquella lágrima demostraba una gran necesidad, seguí mi camino, sin lograr convencerme de que hacía lo correcto.

En mi camino guardé esa imagen fundida en mis recuerdos; su mirada que encontró la mía en el infinito de la nada, ese lugar dónde no se encuentran más que decepciones, ya que inmediata e imperdonablemente le había negado aquellas imperiosas respuestas.

Traté de olvidarme. Caminé rápido, como escapándome. Compré un libro y al llegar a casa comencé a leerlo, esperando que el tiempo borrara esa presencia... "Los viejos no lloran así por nada", me dije. Esa noche me costó dormir, pues la conciencia no entiende de horarios y decidí que a la mañana del día siguiente volvería a la casa, y conversaría con él, tal como entendí me lo había pedido; y luego de vencer mi pena, logré dormirme.

Muy temprano desperté aquel día y como si fuera hoy, recuerdo, preparé un termo con café, compré panecillos y muy deprisa fui a la casa, convencido que tendríamos mucho para conversar. Golpie la puerta, y una voz muy rasposa me indicaba que en segundos sería atendido. Luego de abrir, con el necesario esfuerzo para que las rechinantes bisagras cedieran.

Salió otro hombre. "¿Qué desea?" – preguntó, mirándome con un gesto adusto.

— Busco al anciano que vive en esta casa – contesté.

— Mi padre murió ayer por la tarde – dijo entre lágrimas.

— ¡Murió! – dije decepcionado.

Las piernas se me aflojaron, la mente se me nubló y los ojos se me humedecieron.

— ¿Usted quién es? – volvió a preguntar.

— En realidad nadie – contesté y agregué –, ayer pasé por la puerta de su casa y estaba su padre sentado, vi que lloraba y a pesar de que lo saludé no me detuve a preguntarle qué le sucedía, pero hoy volví para hablar con él, aunque veo que es tarde.

— Usted es la persona de quien hablaba en su diario – dijo. Extrañado por lo que me decía, lo miré pidiéndole me explicara.

— Por favor, pase – me dijo aún sin contestarme. Luego de servir un poco de café, me llevó hasta donde estaba su diario, y leyó algo de la última hoja:

"Hoy me regalaron una sonrisa plena, y un saludo amable... hoy es un día bello".

Tuve que sentarme, fue difícil de digerir aquello. Me dolió el alma de sólo pensar lo importante que hubiera sido para ese hombre que yo cruzara aquella calle. Me levanté lentamente y al mirar al hombre le dije:

— Si yo hubiera cruzado de verdad y hubiera conversado unos instantes con su padre... – pero me interrumpió y con los ojos humedecidos de llanto dijo: "Si yo hubiera venido a visitarlo al menos una vez este último año, quizás su saludo y su sonrisa no hubieran significado tanto".

LAS SEMILLAS DEL REY

En un pueblo lejano, un rey convocó a todos los jóvenes a una audiencia privada con él, en donde les daría un importante mensaje. Muchos jóvenes asistieron y el rey les dijo: "Os voy a dar una semilla diferente a cada uno de vosotros, al cabo de seis meses deberán traerme en una maceta la planta que hayan crecido, y la planta más bella ganará la mano de mi hija y, por ende el reino".

Así se hizo, pero había un joven que plantó su semilla y esta no germinaba; mientras tanto todos los demás jóvenes del reino no paraban de hablar y mostrar las hermosas plantas y flores que habían sembrado en sus macetas. Llegaron los seis meses y todos los jóvenes desfilaban hacia el castillo con hermosísimas y exóticas plantas.

El joven estaba demasiado triste pues su semilla nunca germinó, ni siquiera quería ir al palacio, pero su madre insistía en que debería ir pues era un participante y debería estar allí. Con la cabeza baja y muy avergonzado, desfiló al último hacia el palacio, con su maceta vacía.

Todos los jóvenes hablaban de sus plantas, y al ver a nuestro amigo soltaron en risa y burla; en ese momento el alboroto fue interrumpido por el ingreso del rey, todos hicieron sus respectivas reverencia mientras el rey se paseaba entre todas las macetas admirando las plantas.

Finalizada la función hizo llamar a su hija, y llamó de entre todos al joven que llevo su maceta vacía; atónitos, todos esperaban la explicación de aquella acción. El rey dijo entonces: "Este es el Nuevo heredero del trono y se casara con mi hija, pues a todos ustedes se les dio una semilla infértil, y todos trataron de engañarme plantando otras plantas; pero este joven tuvo el valor de presentarse y mostrar su maceta vacía, siendo sincero, real y valiente, cualidades que un futuro rey debe tener y que mi hija merece".

La vasija agrietada

Un cargador de agua en La India tenía dos grandes vasijas que colgaban a los extremos de un palo que él llevaba encima de los hombros. Una de las vasijas tenía una grieta, mientras que la otra era perfecta y entregaba el agua completa al final del largo camino a pie desde el arroyo hasta la casa de su patrón.

Cuando llegaba, la vasija rota sólo contenía la mitad del agua. Por dos años completos esto ocurría diariamente. Desde luego la vasija perfecta estaba muy orgullosa de sus logros, perfecta para los fines para la cual fue creada. Pero la pobre vasija agrietada estaba muy avergonzada de su propia imperfección y se sentía miserable porque solo podía conseguir la mitad de lo que se suponía debía hacer.

Después de dos años le habló al aguador diciéndole: "Estoy avergonzada de mi misma y me quiero disculpar contigo"… "¿Por qué?", le pregunta el aguador. "Porque debido a mis grietas, sólo puedes entregar la mitad de mi carga. Debido a mis grietas, los habitantes tienen la mitad del valor de lo que deberían".

El aguador se sintió muy apesadumbrado por la vasija y con gran compasión le dijo: "Cuando regresemos a la casa del patrón quiero que notes las bellísimas flores que crecen a lo largo del camino".

Así lo hizo y en efecto vio muchísimas flores hermosas a todo lo largo, pero de todos modos se sintió muy apenada porque al final sólo lleva la mitad de su carga. El aguador le dijo:

"¿Te diste cuenta de que las flores sólo crecen en tu lado del camino? Siempre he sabido de tus grietas y quise obtener ventaja de ello, sembré semillas de flores a todo lo largo del camino por donde tú vas y todos los días tú las has regado. Por dos años yo he podido recoger estas flores para decorar el altar de mi maestro. Sin ser exactamente como eres, él no hubiera tenido esa belleza sobre su mesa.

Cada uno de nosotros tiene sus propias grietas. Todos somos vasijas agrietadas, pero si le permitimos a Dios utilizar nuestras grietas para decorar la mesa de su padre…...En la gran economía de Dios, nada se desperdicia".

LA VIDA ES PRECIOSA

Eran los exámenes finales en una escuela de medicina de alto prestigio. El profesor pidió silencio y la total atención de la clase. "Damas y caballeros", – comenzó – "pronto serán doctores. Ahora, vamos a suponer que tienen frente a ustedes a una pareja que necesita sus consejos: El esposo tiene sífilis y la esposa tiene tuberculosis. Ellos tienen cuatro hijos que viven: uno es ciego, otro es sordo y mudo, otro tiene tuberculosis y el cuarto está deforme. Con semejantes problemas de nacimiento en todos sus bebes, es lógico que cualquier persona se pondría escéptica en cuanto a traer a otro bebe al mundo, pues habría muchas probabilidades de que este naciera anormal. Ahora la pareja tiene un dilema. La madre está esperando de nuevo. Ambos, el esposo y la esposa aceptan la posibilidad de un aborto, por las condiciones en que sus otros bebes han nacido, pero les dejan la decisión final a ustedes. Doctores, ¿qué le aconsejarían? Bajo tales circunstancias, ¿debería tener el aborto?"

Dejó que la clase tuviera varios minutos para discutir y meditar a fondo semejante decisión que tendrían que tomar. La clase estaba conformada por miembros que tenían marcadas diferencias sobre el aborto, por lo que tratar de acordar en la decisión, les llevo más de lo pensado. Como nadie quiso cambiar de opinión sobre sus muy arraigadas opiniones, optaron por obtener la decisión por medio de una votación.

Los resultados indicaron que la mayoría de los estudiantes estaba a favor del aborto en dichas circunstancias.

"¡Felicidades – dijo el profesor a los estudiantes – acaban de abortar a BEETHOVEN!

LA VIEJA TACAÑA

Hay personas que son muy poco solidarias consigo mismas porque no son solidarias con los demás...

Había una señora anciana que nunca pensaba en los demás. ¡Qué poco generosa era! Un día, un mendigo, un miserable mendigo, pasó por el pueblo remoto donde ella vivía.

— ¡Señora, una limosna, una limosna por el amor de Dios! Pero la vieja lo miró con asco y repugnancia.

— ¡Por favor, deme una limosna! ¡Deme algo para comer! La mujer lo rechazaba con desprecio. El pordiosero insistió.

— ¡Deme algo, por amor de Dios!

La vieja, que en realidad iba al basurero para tirar una lechuga podrida, notó que una pequeña parte de una hoja estaba sana. Entonces con altanería y enfado se la tiró al limosnero.

— ¡Toma y lárgate de una vez mugroso!

El tiempo pasó. La señora se murió. Y como era de esperar, en vez de subir, la pobre bajó.

Un día, leyendo Jesús el libro de la vida constató que estaba aquella mujer en el Infierno. Llamó a Pedro, el guardián del cielo, y le dijo:

— Pedro, ¿esta señora está en el infierno?

— Obviamente – dijo Pedro –, era tan renegada que, cuando se murió, ¿sabes lo que dijeron algunos de su pueblo? "Que el diablo la tenga en su gloria". Y todos respondieron: amén.

— ¡Bueno, Pedro, no será para tanto!

— Señor, nunca hizo nada desinteresado por los demás –.

— ¿Ah, sí? Mira bien, Pedro, porque creo que un día le dio algo a un pobre –.

— Si tú los dices, Señor, me fijaré –.

De inmediato, San Pedro indagó en el libro de la vida de la mujer y efectivamente encontró el episodio en el que daba una parte sana de una hoja podrida de lechuga a un mendigo. Entonces Jesús ordenó:

— Pedro, baja al infierno, toma esa parte sana de la hoja de la lechuga podrida, dásela a la vieja para que se agarre, tira para arriba y tráela al cielo –.

— ¡Pero, Señor! Ya sé que eres misericordioso, pero esa vieja...

— Pedro, ¿es que tú no sabes que aquel pobre mendigo era yo mismo?

En cada pobre, Dios nos mendiga. Por eso, quien da al pobre, presta a Dios.

Así fue que san Pedro bajó al infierno con la parte de la hojita sana de la lechuga podrida. La mujer se agarró de ella con todas sus fuerzas. San Pedro tiraba y la vieja subía. Pero, hete aquí que los otros condenados, cuando vieron que su compañera se elevaba, se agarraron de su pie, y los otros del pie de los otros. Así hicieron una hilera, todos agarraditos del pie y todos ascendiendo.

Pero cuando la vieja tacaña y renegada se dio cuenta de que todos salían del infierno, dio una patada y refunfuñó:

— ¡Desgraciados, que la lechuga podrida era mía! Y en ese momento... la lechuga se rompió.

LA VOZ DE DIOS EN LA OSCURIDAD

El discípulo inquirió a su sabio maestro:

— ¿Por qué muchas veces Dios parece injusto con unos y generoso con otros?

El maestro le contó la siguiente historia:

— Vamos hasta la montaña en la que mora Dios — comentó un caballero a su amigo —. Quiero demostrar que Él sólo sabe exigir, y que no hace nada por aliviar nuestras cargas.

— Voy para demostrar mi fe — dijo el otro.

Llegaron por la noche a lo alto del monte y escucharon una voz en la oscuridad.

— ¡Cargad vuestros caballos con las piedras del suelo!

— ¿Ves? - dijo el primer caballero —. Después de subir tanto y estar muy cansados, aún nos hace cargar con más peso. ¡Jamás obedeceré!

En cambio, el segundo caballero hizo lo que la voz decía.

Cuando acabaron de bajar del monte, llegó la aurora y el alba trajo los primeros rayos de sol que iluminaron las piedras que el caballero piadoso había recogido. Eran diamantes puros, de quilates incalculables.

¡LE AGRADEZCO SUS MENTIRAS!

Dos hombres, ambos seriamente enfermos, ocupaban la misma habitación de un hospital. A uno de ellos se le permitía sentarse en su cama por una hora cada tarde para ayudar a drenar los fluidos de sus pulmones. Su cama estaba junto a la única ventana del cuarto. El otro hombre debía de permanecer todo el tiempo en su cama tendido sobre su espalda.

Los hombres hablaban horas y horas. Hablaban acerca de sus esposas y familias, de sus hogares, sus trabajos, su servicio militar, de cuando ellos estaban de vacaciones, etc., y cada tarde en la cama cerca de la ventana, el hombre que podía sentarse, se pasaba describiéndole a su compañero de cuarto las cosas que él podía ver desde allí.

El hombre en la otra cama comenzaba a vivir, en esos pequeños espacios de una hora, como si su mundo se agrandara y reviviera por toda la actividad y el color del mundo exterior. Le describía desde la ventana: un hermoso lago, cisnes, personas nadando y niños jugando con sus pequeños barcos de papel; jóvenes enamorados caminaban abrazados entre flores de todos los colores del arco iris.

Grandes y viejos árboles adornaban el paisaje y una ligera vista del horizonte en la ciudad podía divisarse a la distancia. Como el hombre de la ventana describía todo esto con exquisitez de detalle, el hombre de la otra cama podía cerrar los ojos e imaginar tan pintorescas escenas.

Una caída tarde de verano, el hombre de la ventana le describió un desfile que pasaba por ahí. A pesar de que el otro hombre no podía escuchar la banda, el podía ver todo en su mente, pues el caballero de la ventana le representaba todo con palabras tan descriptivas.

Días y semanas pasaron. Un día la enfermera de la recámara llego a la habitación llevando agua para el baño de cada uno de ellos, únicamente para descubrir el cuerpo sin vida del hombre de la ventana, el mismo había muerto tranquilamente en la noche mientras dormía. Ella se entristeció mucho y llamó a los dependientes del hospital para sacar el cuerpo. Tan pronto como creyó conveniente, el otro hombre pregunto si podía ser trasladado cerca de la ventana.

La enfermera estaba feliz de realizar el cambio. Luego de estar segura de que estaba confortable, ella le dejó solo. Lentamente y dolorosamente se incorporó apoyado en uno de sus codos para tener su primera visión del mundo exterior. Finalmente, iba a tener la dicha de verlo por si mismo. Se estiro para, lentamente girar su cabeza y mirar por la ventana.

¡El vio una pared blanca! El hombre preguntó a la enfermera que pudo haber obligado a su compañero de cuarto a describir tantas cosas maravillosas a través de la ventana. La enfermera le contestó que ese hombre era ciego y por ningún motivo él podía ver esa pared. Ella dijo: "quizás él solamente quería darle ánimo".

Hay una tremenda felicidad al hacer a otros felices a pesar de nuestros propios problemas. Compartir las penas es dividir el sufrimiento, pero compartir la felicidad es duplicarla.

LECCIONES DE SABIDURÍA

Un profesor delante de su clase de filosofía sin decir palabra tomó un frasco grande y vacío de mayonesa y procedió a llenarlo con pelotas de golf.

Luego les preguntó a sus estudiantes si el frasco estaba lleno.

Los estudiantes estuvieron de acuerdo en decir que sí. Así que el profesor tomó una caja llena de canicas y la vació dentro del frasco de mayonesa.

Las canicas llenaron los espacios vacíos entre las pelotas de golf.

El profesor volvió a preguntarles a los estudiantes si el frasco estaba lleno y ellos volvieron a decir que sí. Luego el profesor tomó una caja con arena y la vació dentro del frasco. Por supuesto, la arena llenó todos los espacios vacíos y el profesor preguntó nuevamente si el frasco estaba lleno. En esta ocasión los estudiantes respondieron con un "sí" unánime.

El profesor enseguida agrego dos tazas de café al contenido del frasco y efectivamente lleno todos los espacios vacíos entre la arena.

Los estudiantes reían en esta ocasión. Cuando la risa se apagaba, el profesor dijo: "Quiero que se den cuenta que este frasco representa la vida. Las pelotas de golf son las cosas importantes, como Dios, la familia, los hijos, la salud, los amigos, las cosas que te apasionan.

"Son cosas que aún si todo lo demás lo perdiéramos y sólo estas quedaran, nuestras vidas aun estarían llenas. Las canicas son las otras cosas que importan, como el trabajo, la casa, el carro, etc. La arena es todo lo demás, las pequeñas cosas. Si ponemos la arena en el frasco primero, no habría espacio para las canicas ni para las pelotas de golf. Lo mismo ocurre con la vida. Si gastamos todo nuestro tiempo y energía en las cosas pequeñas, nunca tendremos lugar para las cosas realmente importantes.

"Presta atención a las cosas que son cruciales para tu felicidad. Juega con tus hijos, tómate tiempo para asistir al doctor, ve con tu pareja a cenar, practica tu deporte o afición favorita. Siempre habrá tiempo para limpiar la casa y reparar la llave del agua.

"Ocúpate de las pelotas de golf primero, de las cosas que realmente importan. Establece tus prioridades, el resto es sólo arena".

Uno de los estudiantes levantó la mano y preguntó que representaba el café. El profesor sonrió y dijo: "que bueno que lo preguntas. Solo es para demostrarles que no importa cuán ocupada tu vida pueda parecer, siempre hay lugar para un par de tazas de café con un amigo".

Lo aprendí en un autobus

Aquel era un sábado como cualquier otro: el trajín de siempre: correr, comprar rápido y escapar del tumulto y el bullicio de la ciudad en un destartalado autobús... Me sentía cansado y ofuscado por el inmenso calor y toda la gente a mi alrededor transpiraba como si estuvieran sumergidos en un mar de sudor. Abordé el autobús y me senté en el primer asiento para refrescarme un poco con la brisa del camino.

Todo transcurrió normalmente hasta que a mitad del camino una mujer abordó el autobús. Vestía harapos, estaba sucia y sostenía un bebé de meses en sus brazos y a su lado llevaba un niño de no más de cuatro años. Ella se sentó a mi lado con el bebé, el otro niño se sentó en el asiento contiguo, al otro lado del pasillo.

Observé aquella mujer discretamente era delgada y podría decirse que había aún restos de juventud en su expresión; pude ver sus facciones: un rostro en el cual aún se vislumbraban unos rasgos bonitos, ojos claros, se notaba que aún era joven, sin embargo el peso del dolor podía verse a través de sus arrugas prematuras. El niño mayor se veía saludable, vivaracho y muy simpático.

El viaje se convirtió en una "excursión de silencio" en cuanto la señora abordó el autobús, todos los pasajeros la observaban con preocupación e incluso con cierto desprecio e incomodidad por la suciedad de sus ropas. De pronto en medio del silencio una chispa de luz brilló en los ojos del niño, miró sonriente por la puerta del autobús y gritó: "¡Mire, Mami, qué casa tan bonita!".

Inconscientemente todos los pasajeros del autobús miramos hacia donde el niño señalaba y sólo había un pequeño rancho con unas pocas tablas, con rendijas por todas partes, sin piso y con unas latas herrumbradas y rotas por techo.

"¡Mire, Mami, qué bonita y hasta tiene luz! ¡Mire tiene un cable!", la mujer con ojos tristes le dijo "Sí, hijo, sí" y se volvió avergonzada hacia mí y se disculpó por su pobreza diciendo. "No ve que como vivimos tan pobres y nos alumbramos con candelas, él todo lo ve bonito" e inclinó su rostro avergonzada.

En aquel momento deseé que el asiento del autobús se abriera y me ocultara, ¡cómo podría quejarme yo después de esto! Deseé quitarme las pocas cosas valiosas que llevaba encima y dárselas para que cubriera sus necesidades básicas. ¡Qué vergüenza! ¡Qué derecho tengo yo a llevar alhajas de oro cuando otros no tienen con qué cubrir sus cuerpos del frío!

En la siguiente parada la mujer bajó, pero todos en el autobús quedamos con el corazón estrujado y un inmenso nudo en la garganta, con una sensación de culpa por no haber cumplido el mandato: "lo que a uno de éstos hiciereis, a Mi me lo hacéis".

Descubrí que la pobreza te hace apreciar y valorar muchas más cosas de las que a diario vemos y que la belleza está donde la encuentres.

Lo esencial es invisible

En una de las salas de un colegio había varios niños. Uno de ellos preguntó:

— Maestra... ¿Qué es el amor?

La maestra sintió que la criatura merecía una respuesta que estuviese a la altura de la pregunta inteligente que había formulado. Como ya estaban en hora de recreo, pidió a sus alumnos que dieran una vuelta por el patio de la escuela y trajesen lo que más despertase en ellos el sentimiento del amor.

Los chicos salieron apresurados y, cuando volvieron, la maestra les dijo:

— Quiero que cada uno muestre lo que trajo consigo. El primer alumno respondió:

— Yo traje esta flor. ¿No es linda? El segundo alumno dijo:

— Yo traje esta mariposa. Vea el colorido de sus alas; la voy a colocar en mi colección. El tercer alumno completó:

— Yo traje este pajarito de pichón que se cayó del nido.

Y así los chicos, uno a uno, fueron colocando lo que habían recogido en el patio. Terminada la exposición, la maestra notó que una de las niñas no había traído nada y que había permanecido quieta durante todo el tiempo. Se sentía avergonzada porque no había traído nada. La maestra se dirigió a ella y le preguntó:

— Muy bien. ¿Y tú, no has encontrado nada? La criatura, tímidamente respondió:

— Disculpe maestra, vi la flor y sentí su perfume; pensé en arrancarla pero preferí dejarla para que exhalase su aroma por más tiempo. Vi también la mariposa, suave, colorida, pero parecía tan feliz que no tuve el coraje de aprisionarla. Vi también el pichón caído entre las hojas, pero... Al subir al árbol, noté la mirada triste de su madre y preferí devolverlo al nido.

Por lo tanto, maestra, traigo conmigo el perfume de la flor, la sensación de libertad de la mariposa y la gratitud que observé en los ojos de la madre del pajarito. ¿Cómo puedo mostrar lo que traje? La maestra agradeció a la alumna y le dio la nota máxima, considerando que había sido la única que logró percibir que sólo podemos traer el amor en el corazón.

Lo que Dios piensa de las mujeres

Cuando creé los cielos y la tierra les hablé de existir. Cuando creé el hombre, lo formé y soplé en su ser. Pero a ti mujer, te formé después de haber soplado el aliento de vida al hombre porque tu interior es muy delicado. Permití que un profundo sueño se apoderada de él para poder crearte paciente y perfectamente. El hombre fue puesto a dormir para que no interfiriera en la creatividad.

Te formé de un hueso. Elegí el hueso que protege la vida del hombre. Elegí la costilla que protege su corazón e interior y le da apoyo como tú debes hacer. Te formé a partir de este hueso. Te moldeé, te formé bella y perfectamente. Tus características son como las de la costilla, fuerte pero delicada y frágil. Provees protección para el órgano más delicado del hombre...su corazón.

Su corazón es el centro de su ser, su interior contiene el aliento de vida. La caja formada por la costilla se quebrará antes de permitir que se dañe el corazón. Sostén al hombre como la caja de costillas sostiene al cuerpo. No vienes de sus pies para estar por debajo de él, no fuiste tomada de su cabeza para estar por encima de él. Fuiste tomada de su costado para estar a su lado y ser mantenida muy cerca de él.

Eres mi ángel perfecto, eres mi pequeña niña preciosa, has crecido para ser una espléndida mujer, y mis ojos se llenan de alegría cuando veo las virtudes de tu corazón. Tus ojos no los cambies, tus labios que son adorables cuando dicen una plegaria, tu nariz tan perfecta en forma, tus manos de tacto tan suave.

He acariciado tu cara en tu sueño más profundo, he mantenido tu corazón cerca del mío. Todo lo que quise que el hombre experimentara y compartiera conmigo lo puse en ti. Mi bendición, mi fortaleza, mi pureza, mi amor, mi protección y apoyo. Eres especial porque como él, tú también eres mi extensión.

El hombre representa mi imagen, la mujer mis emociones; juntos ustedes representan la totalidad de Dios. Así que, hombre, trata bien a la mujer, ámala, respétala, ella es frágil. Al herirla me hieres a Mí, lo que haces a ella lo haces a Mí, al quebrarla a ella sólo dañas tu corazón.

Mujer, apoya al hombre. En humildad muéstrale el poder de la emoción que te he dado. En suave quietud, sé su luz que lo guíe a puerto seguro como ese faro que he hecho de ti y muéstrale tu fortaleza. En el amor, muéstrale que eres la costilla que protege su interior.

LOS CLAVOS

Había un joven que tenía muy mal carácter. Un día su padre le dio una bolsa con clavos y le dijo que cada vez que perdiera la calma debería clavar un clavo en la cerca de atrás de la casa. El primer día el joven clavó 37 clavos en la cerca…Pero poco a poco fue calmándose porque descubrió que era mucho más fácil controlar su carácter que clavar los clavos en la cerca.

Finalmente llego el día cuando el muchacho no perdió la calma para nada… y se lo dijo a su padre y entonces el papá le sugirió que por cada día que controlara su carácter debería sacar un clavo de la cerca. Los días pasaron y el joven pudo finalmente decirle a su padre que ya había sacado todos los clavos de la cerca… entonces el papá llevo de la mano a su hijo a la cerca de atrás…

— Mira hijo, has hecho bien…pero fíjate en todos los agujeros que quedaron en la cerca…Ya la cerca nunca será la misma de antes… Cuando dices o haces cosas con coraje, dejas una cicatriz como este agujero en la cerca… Es como meterle un cuchillo a alguien, aunque lo vuelvas a sacar, la herida ya queda hecha…no importa cuántas veces pidas disculpas, la herida está ahí.

Los mineros

⌒ᴍ⌒

Aparentemente sucedió en algún lugar de África…
Seis mineros trabajaban en un túnel muy profundo extrayendo minerales desde las entrañas de la tierra. De repente un derrumbe los dejó aislados del afuera sellando la salida del túnel.

En silencio cada uno miró a los demás. De un vistazo calcularon su situación. Con su experiencia, se dieron cuenta rápidamente de que el problema sería el oxígeno. Si hacían todo bien les quedaban unas tres horas de aire, cuando mucho tres horas y media. Mucha gente de afuera sabría que ellos estaban allí atrapados, pero un derrumbe como este significaría horadar otra vez la mina para llegar a buscarlos.

¿Podrían hacerlo antes de que se terminara el aire? Los expertos mineros decidieron que debían ahorrar todo el oxígeno que pudieran. Acordaron hacer el menor desgaste físico posible, apagaron las lámparas que llevaban y se tendieron todos en el piso. Enmudecidos por la situación e inmóviles en la oscuridad era difícil calcular el paso del tiempo. Incidentalmente sólo uno de ellos tenía reloj. Hacia él iban todas las preguntas: ¿Cuánto tiempo pasó? ¿Cuánto falta? ¿Y ahora?

El tiempo se estiraba, cada par de minutos parecía una hora y la desesperación ante cada respuesta agravaba aun más la tensión. El jefe de los mineros se dio cuenta de que si seguían así la ansiedad los haría respirar más rápidamente y esto los podía matar. Así que ordenó al que tenía el reloj que solamente él controlara el paso del tiempo. Nadie haría más preguntas, él avisaría a todos cada media hora.

Cumpliendo la orden, el del reloj controlaba su máquina. Y cuando la primera media hora paso. Él dijo: "ha pasado media hora". Hubo un murmullo entre ellos y una angustia que se sentía en el aire. El hombre del reloj se dio cuenta de que a medida que pasaba el tiempo, iba a ser cada vez más terrible comunicarles que el minuto final se acercaba.

Sin consultar a nadie decidió que ellos no merecían morirse sufriendo. Así que la próxima vez que les informo la media hora, habían pasado en realidad 45 minutos. No había manera de notar la diferencia así que nadie siquiera desconfió. Apoyado en el éxito del engaño la tercera información la dio casi una hora después. Dijo "pasó otra media hora"... y los cinco creyeron que habían pasado encerrados, en total, una hora y media y todos pensaron en cuan largos se les hacía el tiempo.

Así siguió el del reloj, a cada hora completa les informaba que había pasado media hora... La cuadrilla apuraba la tarea de rescate, sabían en que cámara estaban atrapados, y que sería difícil poder llegar antes de cuatro horas. Llegaron a las cuatro horas y media. Lo más probable era encontrar a los seis mineros muertos.

Encontraron vivos a cinco de ellos.

Solamente uno había muerto de asfixia... el que tenía el reloj.

Esta es la fuerza que tienen las creencias en nuestras vidas.

Esto es lo que nuestros condicionamientos pueden llegar a hacer de nosotros.

Cuando creemos y confiamos en que se puede seguir adelante, nuestras posibilidades se multiplican.

LOS PASTELILLOS DE ARROZ

En la cumbre de la montaña vivía el maestro Zen. En el valle había dos monasterios de monjas Zen, el Monasterio del Este y el Monasterio del Oeste. La diferencia entre las monjas del Este y del Oeste era que las del Este pronunciaban en sus rezos el nombre de la deidad como Kwan Seum, mientras que las del Oeste lo pronunciaban como Kwan Seoon. Y se peleaban.

A tanto llegó la discordia que decidieron de común acuerdo recurrir al maestro de la montaña. El las escuchó y anunció que bajaría el día siguiente a las once de la mañana a dar su veredicto.

Era lo justo. Pero las monjas quedaron inquietas. Las del Este pensaron, ¿Si perdemos, a pesar de tener la razón? Hay que hacer algo. Sabían que al maestro de la montaña le gustaban los pastelillos de arroz. Se preparan rápidamente y son deliciosos. Dicho y hecho. Los hicieron, los pusieron en una gran bandeja y se los llevaron al maestro de la montaña. El maestro se entusiasmó: "¡Con lo que me gustan los pastelillos de arroz! Y aquí en la montaña no los consigo nunca. Gracias, gracias". Y comenzó allí mismo a comerlos.

Mientras los comía le dijeron las monjas: "Nosotras somos del Monasterio del Este. Pronunciamos el nombre sagrado como Kwan Seum. Esa es la verdadera pronunciación, ¿no?" "Desde luego, desde luego", contestó el maestro entre bocado y bocado. "¿Quién iba a decir otra cosa?" Las monjas se fueron contentas, y el maestro quedó más contento todavía.

Las monjas del Monasterio del Oeste tampoco estaban ociosas. ¿Si perdemos a pesar de tener la razón? Hay que hacer algo. Sabían que al maestro le gustaban los fideos revueltos. Lleva mucho tiempo el prepararlos, pero son deliciosos. Dicho y hecho. Los hicieron con gran cuidado, los pusieron en un gran cuenco y, aunque era ya muy tarde, se los llevaron al maestro de la montaña. El maestro se entusiasmó: "¡Con lo que a mí me gustan los fideos revueltos! Y aquí en la montaña no los consigo nunca. Gracias, gracias". Y se puso a comérselos allí mismo.

Mientras comía le dijeron las monjas: "Nosotras somos del Monasterio del Oeste. Pronunciamos el nombre sagrado como Kwan Seoon. Esa es la verdadera pronunciación, ¿no?" "Desde luego, desde luego", contestó el maestro entre bocado y bocado. "¿Quién iba a decir otra cosa?" Las monjas se fueron contentas, y el maestro quedó más contento todavía.

El día siguiente a las once de las mañana quinientas monjas se reunieron en la Sala Principal de Buda. El maestro se sentó en el trono, murmuró plegarias, hizo inclinaciones, miró a ambos lados y pronunció sentencia: "El Libro de los Pastelillos de Arroz dice que Khan Deum es lo correcto; mientras que el Libro de los Fideos Revueltos dice que Kwan Seoon es lo correcto".

Las monjas comenzaron a insultarse diciendo, "¡Vosotras le habéis dado pastelillos!" "¡Vosotras le habéis dado fideos!" El maestro calmó el alboroto y les dijo: "Cuando recéis, rezad. Cuando cantéis, cantad. ¿Qué importa la pronunciación? ¿Qué importan las palabras? Sólo haced lo que hacéis. Es lo único que importa". Con eso descendió del trono y regresó a la montaña.

LOS TRES ANCIANOS

Una mujer salió de su casa y vio a tres ancianos con largas brbas blancas sentados al frente de su casa. No los reconoció y dijo: "Creo que no los conozco, pero deben estar hambrientos. Por favor, entren y tengan algo de comer".

"¿Esta el hombre de la casa adentro?", preguntaron.

"No – dijo ella –. El está fuera". "Entonces no podemos entrar", replicaron.

Al anochecer, cuando su esposo llego a casa, le contó lo que había ocurrido. "Ve a decirles que estoy en casa e invítalos a entrar". La mujer salió e invitó a los hombres a entrar.

"Nosotros no entramos a casa juntos", replicaron. "¿Por qué?", quiso saber ella.

Uno de los ancianos explicó: "Su nombre es Abundancia" dijo señalando a uno de sus amigos y luego dijo señalando al otro: "El es Éxito y yo soy Amor".

Luego agregó: "Ahora entra en tu casa y conversa con tu esposo sobre a cuál de nosotros quieren en su casa".

La mujer fue y le contó a su esposo lo que le había dicho. ¡Su esposo estaba encantado!

"Ya que este es el caso, invitemos a la abundancia. Déjalo entrar y que llene nuestra casa de abundancia". Su esposa no estuvo de acuerdo. "Querido, ¿por qué no invitamos a éxito?

Su hija estaba escuchando desde el otro lado de la casa. Saltó con su propia sugerencia: "¿No sería mejor invitar a Amor? Nuestra casa se llenaría de amor". "Escuchemos el consejo de nuestra hija", dijo el hombre a su esposa. "Ve e invita a Amor para que sea nuestro invitado".

La mujer salió y le preguntó a los tres ancianos: "¿Quién de ustedes es Amor? Por favor, entre y sea nuestro invitado". Amor se levantó y empezó a caminar hacia la casa. Los otros dos se pararon y lo siguieron.

Sorprendida la señora le pregunto a Abundancia y a Éxito: "Sólo invite a Amor, ¿por qué vienen ustedes?" Los ancianos replicaron juntos: "Si tu hubieras invitado a Abundancia o a Éxito, los otros dos nos hubiéramos quedado afuera, pero como invitaste a Amor, a dondequiera que El vaya, vamos nosotros con Él".

LOS TRES LEONES

En la selva vivían tres leones. Un día el mono, el representante electo por los animales, convocó a una reunión para pedirles una toma de decisión:

— Todos nosotros sabemos que el león es el rey de los animales, pero para una gran duda en la selva: existen tres leones y los tres son muy fuertes. ¿A cuál de ellos debemos rendir obediencia? ¿Cuál de ellos deberá ser nuestro Rey?

Los leones supieron de la reunión y comentaron entre sí:

— Es verdad, la preocupación de los animales tiene mucho sentido. Una selva no puede tener tres reyes. Luchar entre nosotros no queremos ya que somos muy amigos... Necesitamos saber cuál será el elegido, pero, ¿cómo descubrirlo?

Otra vez los animales se reunieron y después de mucho deliberar, les comunicaron a los tres leones la decisión tomada:

— Encontramos una solución muy simple para el problema, y decidimos que ustedes tres van a escalar la Montaña Difícil. El que llegue primero a la cima será consagrado nuestro Rey.

La Montaña Difícil era la más alta de toda la selva. El desafío fue aceptado y todos los animales se reunieron para asistir a la gran escalada.

El primer león intentó escalar y no pudo llegar.

El segundo empezó con todas las ganas, pero, también fue derrotado.

El tercer león tampoco lo pudo conseguir y bajó derrotado.

Los animales estaban impacientes y furiosos; si los tres fueron derrotados, ¿cómo elegirían un rey?

En ese momento, un águila, grande en edad y en sabiduría, pidió la palabra:

— ¡Yo sé quién debe ser el rey! Todos los animals hicieron silencio y la miraron con gran expectativa.

— ¿Cómo?, preguntaron todos.

— Es simple... dijo el águila. Yo estaba volando bien cerca de ellos y cuando volvían derrotados en su escalada por la Montaña Difícil escuché lo que cada uno dijo a la Montaña.

El primer león dijo: "¡Montaña, me has vencido!"

El segundo león dijo: "¡Montaña, me has vencido!"

El tercer león dijo: "¡Montaña, me has vencido, por ahora! Pero ya llegaste a tu tamaño final y yo todavía estoy creciendo".

La diferencia, completó el águila, es que el tercer león tuvo una actitud de vencedor cuando sintió la derrota en aquel momento, pero no desistió y quien piensa así, su persona es más grande que su problema: él es el rey de sí mismo, y está preparado para ser rey de los demás.

LOS ZAPATOS DEL OTRO

Nos cuenta Plutarco en una de sus historias, que en aquellos tiempos de la antigüedad había un romano que decidió separarse de su mujer abandonándola.

Sus amigos le recriminaron por ello, pues no veían claros los motivos de aquel divorcio:

— ¿No es hermosa? - preguntaban.

— Sí. Lo es. Y mucho.

— ¿No es, acaso, casta y honrada?

— Sí. También lo es.

Extrañados, insistían en conocer el motivo que había llevado a su amigo a tomar una decisión tan extrema. El romano, entonces, se quitó un zapato y mostrándolo a sus amigos, preguntó:

— ¿Es bonito?

— Sí. Lo es – dijeron ellos.

— ¿Está bien construido?

— Sí. Eso parece – todos aprobaron.

Y entonces él, volviéndoselo a calzar, les aseguró:

— Pero ninguno de ustedes puede decir dónde me aprieta.

De ahí viene la típica frase que hemos oído alguna vez: "¿Dónde me aprieta el zapato?" Nadie puede saberlo sino el mismo que lo usa.

Nadie más que uno mismo puede estar en sus propios zapatos.

Los rellenes, indios americanos, tienen una frase que encaja con lo expresado. Dice: "Para conocer a una persona, hemos de andar muchos kilómetros con sus propios mocasines".

Algo similar al proverbio español: "No conocerás a nadie hasta haber consumido con él un saco de sal".

De ahí el respeto que nos han de inspirar las decisiones ajenas. Siempre corresponden a situaciones que desconocemos. Y es que no estamos en los zapatos de la otra persona.

¡Sepamos dónde nos aprieta el zapato! Pero evitemos juzgar dónde les aprieta a los demás.

Mala la buena memoria

Cuando yo era chico me encantaban los circos, y lo que más me gustaba de los circos eran los animales. También a mí como a otros, después me enteré, me llamaba la atención el elefante. Durante la función, la enorme bestia hacía despliegue de peso, tamaño y fuerza descomunal... pero después de su actuación y un rato antes de volver al escenario, el elefante quedaba sujeto solamente por una cadena que aprisionaba una de sus patas a una pequeña estaca clavada en el suelo.

Sin embargo, la estaca era sólo un minúsculo pedazo de madera apenas enterrado unos centímetros en la tierra. Y aunque la cadena era gruesa y poderosa, me parecía obvio que ese animal capaz de arrancar un árbol de tajo con su propia fuerza, podría, con facilidad, arrancar la estaca y huir.

El misterio es evidente: ¿Que lo mantiene entonces? ¿Por qué no huye? Cuando tenía cinco o seis años, pregunté a algún maestro, a mi padre o a algún tío por el misterio del elefante. Alguno de ellos me explicó que el elefante no se escapaba porque estaba amaestrado. Hice entonces la pregunta obvia: Si esta amaestrado, ¿por qué lo encadenan? No recuerdo haber recibido ninguna respuesta coherente.

Con el tiempo me olvidé del misterio del elefante y la estaca... y sólo lo recordaba cuando me encontraba con otros que también se habían hecho la misma pregunta. Hace algunos años descubrí que por suerte para mi alguien había sido lo bastante sabio como para encontrar la respuesta: "El elefante del circo no escapa porque ha estado atado a una estaca parecida desde que era muy pequeño".

Cerré los ojos me imagine al pequeño recién nacido sujeto a la estaca. Estoy seguro de que en aquel momento el elefantito empujó, tiró y sudó tratando de soltarse. Y a pesar de todo su esfuerzo no pudo. La estaca era ciertamente muy fuerte para él. Juraría que se durmió agotado y que al día siguiente volvió a probar, y también al otro y al que seguía... hasta que un día, un terrible día para su historia, el animal aceptó su impotencia y se resignó a su destino. Este elefante enorme y poderoso no escapa porque cree que no puede.

El tiene registro y recuerdo de su impotencia, de aquella impotencia que se siente poco después de nacer. Y lo peor es que jamás se ha vuelto a cuestionar seriamente ese registro. Jamás... jamás... intentó poner a prueba su fuerza otra vez... Nosotros somos un poco como ese elefante: Vamos por el mundo atados a cientos de estacas que nos restan libertad.

Vivimos creyendo que un montón de cosas "no podemos hacer" simplemente porque una vez probamos y no pudimos. Grabamos en nuestro recuerdo "no puedo...no puedo y nunca podré", perdiendo una de las mayores bendiciones con que puede contar un ser humano: la fe. La única manera de saber, es intentar de nuevo poniendo en el intento todo nuestro esfuerzo como si todo dependiera de nosotros, pero al mismo tiempo, confiando totalmente en Dios como si todo dependiera de Él.

¿MALA SUERTE? ¿BUENA SUERTE?

Una historia china habla de un anciano labrador que tenía un viejo caballo para cultivar sus campos.

Un día, el caballo escapó a las montañas. Cuando los vecinos del anciano se acercaban para condolerse con él y lamentar su desgracia, el anciano les repitió: ¿Mala suerte? ¿Buena suerte? ¿Quién sabe?

Una semana después, el caballo volvió con una manada de caballos salvajes. Entonces los vecinos felicitaron al labrador por su buena suerte. Este les respondió: ¿Mala suerte? ¿Buena suerte? ¿Quién sabe?

Cuando el hijo del labrador intento domar uno de aquellos caballos salvajes, cayó y se rompió una pierna. Todo el mundo considero esto como una desgracia. No así el labrador se limitó a decir: ¿Mala suerte? ¿Buena suerte? ¿Quién sabe?

Unas semanas más tarde, el ejército entró en el poblado y fueron reclutados todos los jóvenes que se encontraban en buenas condiciones. Cuando vieron al hijo del labrador con la pierna rota, lo dejaron tranquilo. Había sido ¿Mala suerte? ¿Buena suerte? ¿Quién sabe?

Todo lo que a primera vista parece un contratiempo puede ser un disfraz del bien. Y lo que parece bueno a primera vista puede ser dañino.

Así pues sería una postura sabia que dejemos a Dios decidir lo que es buena o mala suerte, y le agradezcamos que las cosas se conviertan en bien para los que le aman...

Manos quemadas

Cierta casa de una viuda muy rica se incendió, y la señora murió en el fuego. Mientras los bomberos trataban de controlar las llamas, se dieron cuenta del hijito de la señora, de cinco años de edad, estaba dentro de la casa, y ya no había forma de llegar a ella, las escaleras ya se habían caído.

El edificio no tenía ascensor y no sabían llegar al niño. Sólo un hombre que pasaba por el lugar, vio la escena. Observo un tubo al lado de las llamas que lleva a la ventana donde se había asomado el niño. Nadie podía tocar el tubo por lo mucho que se había calentado. Pero aquel hombre, valiente, se deslizó por el tubo (quemándose las manos) hasta donde estaba el niño, salvándole la vida.

Un año y medio más tarde, se ventilaba en la corte quien calificaba para adoptar al niño (siendo administrador de toda la riqueza) Muchos solicitaron, demostraron lo que creían necesario para calificar: Trayectoria, negocios, solidez, riquezas, etc. Pero a ninguno el niño aprobó, y esta era una condición sumamente necesaria.

El juez volvió a llamar a quienes habían asistido para que probaran si adoptaban al niño, o si este le aprobaba, entró a la sala un hombre desconocido. Camino lentamente hacia adelante con las manos dentro de los bolsillos, el juez le pregunto por sus credenciales, a lo que respondió:

"Señorita, no tengo riquezas ni negocios que me hagan competir contra todos los que aspiran a adoptar al niño".

El juez le dijo:" ¿Pues qué hace usted aquí? Alguna razón debe mostrar por la que quiera adoptar el niño".

El señor dijo:"Sólo tengo estas muestras de amor abnegado". (Al decir esto mostró sus manos, estaban blancas, quemadas, deshechas).

El niño al verlo reconoció al hombre que le había salvado la vida y con lágrimas en sus ojos le abrazo y el señor fue quien le adoptó.

MEDIA COBIJA

Don Roque era ya un anciano cuando murió su esposa. Durante largos años había trabajado con ánimo para sacar adelante a su familia. Su mayor deseo era ver a su hijo convertido en un hombre de bien, respetado por los demás, ya que para lograrlo dedicó su vida y su escasa fortuna.

A los 70 años don Roque se encontraba sin fuerzas, sin esperanzas, solo y lleno de recuerdos. Esperaba que su hijo, brillante profesional, le ofreciera su apoyo y comprensión, pero veía pasar los días sin que este apareciera y decidió por primera vez en su vida pedir un favor a su hijo.

Don Roque tocó la puerta de la casa donde vivía su hijo con su familia. "¡Hola Papá! ¡Qué milagro que bienes por aquí!"

— Ya sabes que no me gusta molestarte, pero me siento muy solo, además estoy cansado y viejo.

— Pues a nosotros nos da mucho gusto que vengas a visitarnos, ya sabes que esta es tu casa.

— Gracias hijo, sabía que podía contar contigo, pero temía ser un estorbo.

— ¿Entonces no te molestaría que me quedara a vivir con ustedes?
¡Me siento tan solo!

— ¿Quedarte a vivir aquí…? Claro…pero no sé si estarás a gusto, tú sabes, la casa es chica, mi esposa es muy especial…y luego los niños…

— Mira hijo, si te causo muchas molestias, olvídalo, no te preocupes por mí, alguien me tenderá la mano.

— No padre, no es eso, sólo que…no se me ocurre dónde Podrías dormir. No puedo sacar a nadie de su cuarto, mis hijos no me lo perdonarían…o sólo que no te moleste dormir en el patio.

— Dormir en el patio está bien.

El hijo de don Roque llamó a su hijo Luis, de 12 años. "Dime, Papá". "Mira hijo, tu abuelo se quedará a vivir con nosotros. Tráele una cobija para que se tape en la noche". "Si con gusto… ¿Y dónde va a dormir?

"En el patio, no quiere que nos incomodemos por su culpa". Luis subió por la cobija, tomo unas tijeras y la corto en dos. En ese momento llego su padre. "¿Que haces Luis? ¿Por qué cortas la manta de tu abuelo?" " Sabes Papá, estaba pensando…". "¿Pensando en qué?" "En guardar la mitad de la cobija para cuando tu estés viejo y vayas a vivir a mi casa.

Mi cristo roto

A mi Cristo roto lo encontré en Sevilla. Dentro del arte me subyuga el tema de Cristo en la cruz. Se llevan mi preferencia los aritos barrocos españoles. La última vez, fui de compras en compañía de un buen amigo mío.

Al Cristo, ¡que lección! Se le puede encontrar entre tuercas y clavos, chatarra oxidada, ropa vieja, zapatos, libros, muñecas rotas o litografías románticas. La cosa, es saber buscarlo. Porque Cristo anda y está entre todas las cosas de este revuelto e inverosímil rastro (bazar) que es la vida.

Pero aquella mañana nos aventuramos por la casa del artista, es más fácil encontrar ahí al Cristo, pero ¡mucho más caro! Es zona ya de anticuarios.

Es el Cristo con impuesto de lujo, el Cristo que han encarecido los turistas, porque desde que se intensificó el turismo, también Cristo es más caro. Visitamos únicamente dos o tres tiendas y andábamos por la tercera o cuarta.

"Ehhmm. ¿Quiere algo padre?"

"Dar una vuelta nada más por la tienda, mirar, ver".

De pronto, frente a mí, acostado sobre una mesa, vi un Cristo sin cruz, iba a lanzarme sobre él, pero frené mis ímpetus. Miré al Cristo de reojo, me conquistó desde el primer instante. Claro que no era precisamente lo que yo buscaba, era un Cristo roto. Pero esta misma circunstancia, me encadenó a él, no sé por qué.

Fingí interés primero por los objetos que me rodeaban hasta que mis manos se apoderaron del Cristo. ¡Dominé mis dedos para no acariciarlo! ¡No me habían engañado los ojos! ¡No! Debió ser un Cristo muy bello, era un impresionante despojo mutilado. Por supuesto, no tenía cruz, le faltaba media pierna, un brazo entero, y aunque conservaba la cabeza, había perdido la cara.

Se acercó el anticuario, tomó el Cristo roto en sus manos y…"Oh, es una magnifica pieza, se ve que tiene usted gusto padre, fíjese que espléndida talla, ¡qué buena factura!"

"¡Pero, está tan rota, tan mutilada!"

"No tiene importancia padre, aquí al lado hay un magnifico restaurador amigo mío y se lo va a dejar a usted, ¡nuevo!"

Volvió a ponderarlo, a alabarlo, lo acariciaba entre sus manos; pero no acariciaba al Cristo, acariciaba la mercancía que se le iba a convertir en dinero.

Insistí; dudo, hizo una pausa, miró por última vez al Cristo fingiendo que le costaba separarse de él y me lo alargo en un arranque de generosidad ficticia, diciéndome resignado y dolorido: "Tenga padre, lléveselo, por ser para usted y conste que no gano nada. 3000 pesetas nada más. ¡Se lleva usted una joya!"

El vendedor exaltaba las cualidades para retener el precio. Yo, sacerdote, le mermaba méritos para rebajarlo. Me estremecí de pronto. ¡Disputábamos el precio de Cristo, como si fuera una simple mercancía! ¡Y me acorde de Judas! ¿No era aquella también una compraventa de Cristo? ¿Pero cuántas veces vendemos y comparamos a Cristo, no de madera, de carne, y en Él a nuestros prójimos? Nuestra vida es muchas veces una compraventa de Cristos.

¡Bien! cedimos los dos, lo rebajo a 800 pesetas. Antes de despedirme, le pregunté si sabía la procedencia del Cristo y la razón de aquellas terribles mutilaciones. En información vaga e incompleta me dijo que creía procedía de la sierra de Arizona, y que las mutilaciones se debían a una profanación en tiempo de guerra.

Apreté a mi Cristo con cariño, y salí con El a la calle. Al fin, ya de noche, cerré la puerta de mi habitación y me encontré solo, cara a cara con mi Cristo. Qué ensangrentado despojo mutilado, viéndolo así me decidí a preguntarle: "¿Cristo, quién fue el que se atrevió contigo? ¿No le temblaron las manos cuando astillo las tuyas arrancándote de la cruz? ¿Vive todavía? ¿Dónde? ¿Qué haría hoy si te viera en mis manos? ¿Se arrepintió?"

"¡CÁLLATE! – me cortó una voz tajante – ¡CÁLLATE, preguntas demasiado! ¿Crees que tengo un corazón tan pequeño y mezquino como el tuyo? CÁLLATE y no me preguntes más en el que me mutiló, déjalo. ¿Qué sabes tú? ¡Respétalo! Yo ya lo perdone. Yo me olvidé instantáneamente y para siempre de sus pecados. Cuando un hombre se arrepiente, Yo perdono de una vez, no por mezquinas entregas como vosotros.

"¡CÁLLATE! ¿Por qué ante mis miembros rotos, no se te ocurre recordar a seres que ofenden, hieren, explotan y mutilan a sus hermanos los hombres? ¿Qué es mayor pecado? Mutilar una imagen de madera o mutilar una imagen mía viva, de carne, en la que palpito Yo por la gracia del bautismo.

"¡OH, hipócritas! Os rasgáis las vestiduras ante el recuerdo del que mutilo mi imagen de madera, mientras le estrecháis la mano o le rendís honores al que mutila física o moralmente a los Cristos vivos que son sus hermanos"

Yo contesté:

"No puedo verte así, destrozado, aunque el restaurador me cobre lo que quiera ¡Todo te lo mereces! Me duele verte así. Mañana mismo te llevaré al taller. ¿Verdad que apruebas mi plan? ¿Verdad que te gusta?"

"¡NO ME GUSTA!" Contestó el Cristo, seca y duramente. "¡ERES IGUAL QUE TODOS Y HABLAS DEMASIADO!"

Hubo una pausa de silencio. Una orden, tajante como un rayo, vino a decapitar el silencio angustioso.

"NO ME RESTAURES, ¡TE LO PROHÍBO! ¿LO OYES?"

Sí Señor, te lo prometo, no te restauraré. "GRACIAS" Me contestó el Cristo. Su tono volvió a darme confianza. "¿Por qué no quieres que te restaure? No te comprendo. ¿No comprendes Señor, que va a ser para mí un continuo dolor cada vez que te mire roto y mutilado? ¿No comprendes que me duele?"

"Eso es lo que quiero, que al verme roto te acuerdes siempre de tantos hermanos tuyos que conviven contigo; rotos, aplastados, indigentes, mutilados. Sin brazos, porque no tienen probabilidades de trabajo. Sin pies, porque les han cerrado los caminos. Sin cara, porque les han quitado la honra. Todos los olvidan y les vuelven la espalda".

"No me restaures, a ver si viéndome así, te acuerdas de ellos y te duele, a ver si así, roto y mutilado te sirvo de clave para el dolor de los demás. Muchos cristianos se vuelven en devoción, en besos, en luces, en flores sobre un Cristo bello, y se olvidan de sus hermanos los hombres, Cristos feos, rotos y sufridores.

"Hay muchos cristianos que tranquilizan su conciencia besando un Cristo bello, obra de arte, mientras ofenden al pequeño Cristo de carne, que es su hermano. ¡Esos besos me repugnan, me dan asco! Los tolero forzado en mis pies de imagen tallada en madera, pero me hieren el corazón.

¡Tenéis demasiados Cristos bellos! Demasiadas obras de arte de mi imagen crucificada. Y estáis en peligro de quedaros en la obra de arte. Un Cristo bello, puede ser un peligroso refugio donde esconderse en la huida del dolor ajeno, tranquilizando al mismo tiempo la conciencia, en un falso cristianismo.

"¡Por eso debieran tener más Cristos rotos, uno a la entrada de cada templo, que gritara siempre con sus miembros partidos y su cara sin forma, el dolor y la tragedia de mi segunda pasión, en mis hermanos los hombres! Por eso te suplico, no me restaures, déjame roto junto a ti, aunque amargue un poco tu vida".

"Si Señor", conteste. Y un beso sobre su único pie astillado, fue la firma de mi promesa.

Desde hoy viviré con un Cristo roto.

Mi día en la corte

⁓🙟⁓

Después de haber vivido "decentemente" en la tierra, mi vida llego a su fin. Lo primero que recuerdo es que estaba sentado sobre una banca, en la sala de espera de lo que imaginaba era una Sala de Jurados. La puerta se abrió y se me ordenó entrar y sentarme en la banca de los acusados. Cuando miré a mi alrededor vi al "Fiscal", quien tenía una apariencia de villano y me miraba fijamente, era la persona más demoníaca que había visto jamás.

Me senté, mire hacia la izquierda y allí estaba mi abogado, un caballero con una mirada bondadosa cuya apariencia me era familiar. La puerta de la esquina se abrió y apareció el Juez, vestido con una túnica impresionante. Su presencia demandaba admiración y respeto. Yo no podía quitar mis ojos de Él, se sentó y dijo "Comencemos". El Fiscal se levantó y dijo "Mi nombre es Satanás y estoy aquí para demostrar porque este individuo debe ir al infierno".

Comenzó a hablar de las mentiras que había dicho, de cosas que había robado en el pasado cuando engañaba a otras personas. Satanás habló de otras horribles cosas y perversiones cometidas por mi persona, y entre más hablaba, más me hundía en mi silla de acusado.

Me sentía tan avergonzado que no podía mirar a nadie, ni siquiera a mi Abogado, a medida que Satanás mencionaba pecados que hasta había totalmente olvidado.

Estaba tan molesto con Satanás por todas las cosas que estaba diciendo de mí, e igualmente molesto con mi Abogado, quien estaba sentado en silencio sin ofrecer ningún argumento de defensa a mi favor. Yo sabía que era culpable de las cosas que me acusaban, pero también había hecho algunas cosas buenas en mi vida. ¿No podrían esas cosas buenas por lo menos equilibrar lo malo que había hecho?

Satanás terminó con furia su acusación y dijo "Este individuo debe ir al infierno, es culpable de todos los pecados y actos que he acusado, y no hay ninguna persona que pueda probar lo contrario. Por fin se hará justicia este día".

Cuando llegó su turno, mi Abogado se levantó y solicitó acercarse al Juez, quien se lo permitió, haciéndole señas para que se acercara, pese a las fuertes protestas de Satanás. Cuando se levantó y empezó a caminar lo pude ver en todo su esplendor y majestad.

Hasta entonces me di cuenta que me había parecido tan familiar, era Jesús quien me representaba, mi Señor y Salvador. Se paró frente al Juez y se volvió para dirigirse al Jurado: "Satanás está en lo correcto al decir que este hombre ha pecado, no voy a negar esas acusaciones.

Reconozco que el castigo para el pecado es muerte y este hombre merece ser castigado". Respiró Jesús fuertemente, se volteó hacia su "Padre" y con los brazos extendidos proclamó: "Sin embargo, yo di mi vida en la cruz para que esta persona pudiera tener vida eterna, y él me ha aceptado como su Salvador, por lo tanto es mío".

Jesús continuo diciendo "Su nombre está escrito en el libro de la vida y nadie me lo puede quitar. Satanás todavía no comprende que este hombre no merece justicia, sino misericordia". Cuando Jesús se iba a sentar, hizo una pausa, miró a su Padre y suavemente dijo "No se necesita hacer nada más. Es la tarde de un viernes típico, y lo he hecho todo".

El Juez levantó su poderosa mano y golpeando la mesa fuertemente las siguientes palabras salieron de sus labios: "Este hombre es libre, el castigo para él ha sido pagado en su totalidad...caso concluido".

Cuando mi salvador me conducía fuera de la corte, pude oír a Satanás protestando enfurecido: "No me rendiré jamás, ganaré el próximo juicio".

Cuando Jesús me daba instrucciones hacia donde me debía dirigir, le pregunte "¿Ha perdido algún caso?" Cristo sonrió amorosamente y dijo: "Todo aquel que ha recurrido a mí para que lo represente, ha obtenido el mismo veredicto tuyo...Pagado en su totalidad".

No fue en serio

Una joven había tomado clases de ballet durante toda su infancia, y había llegado el momento en que se sentía lista para entregarse a la disciplina que la ayudaría a convertir su afición en profesión.

Deseaba llegar a ser primera bailarina y quería comprobar si poseía las dotes necesarias, de manera que cuando llegó a su ciudad una gran compañía de ballet, fue a los camarines luego de una función, y habló con el director.

— Quisiera llegar a ser una gran bailarina, le dijo pero no sé si tengo el talento que hace falta.

— Dame una demostración, le dijo el maestro.

Transcurridos apenas 5 minutos, la interrumpió, moviendo la cabeza en señal de desaprobación.

— No, no tiene usted condiciones.

La joven llegó a su casa con el corazón, desgarrado, arrojó las zapatillas de baile en un armario y no volvió a calzarlas nunca más, se casó, tuvo hijos y cuando se hicieron un poco mayores, tomó un empleo de cajera en un supermercado.

Años después asistió a una función de ballet, y a la salida se topó con el viejo director que ya era octogenario, ella le recordó la charla que habían tenido años antes, le mostró fotografías de sus hijos y le comentó de su trabajo en el supermercado, luego agregó:

— Hay algo que nunca he terminado de entender. ¿Cómo pudo usted saber tan rápido que yo no tenía condiciones de bailarina?

— Ah, apenas la miré cuando usted bailó delante de mí, le dije lo que siempre le digo a todas, le contestó.

— Pero, ¡eso es imperdonable! – exclamó ella –. Arruinó mi vida, ¡pude haber llegado a ser primera bailarina!

— No lo creo – repuso el viejo maestro –. Si hubieras tenido las dotes necesarias, no habrías prestado ninguna atención a lo que yo dije.

Nos ama hasta el extremo

Es la tarde de un viernes típico y estás manejando a tu casa. Sincronizas la radio. El noticiero cuenta una historia de poca importancia, sobre un pueblito de la India donde algunas personas se han muerto de repente, por motivo desconocido, de alguna gripa que nunca antes se ha visto. No es influenza, pero tres o cuatro personas murieron. Es algo interesante y algunos doctores van a ir para allá para investigarlo.

No lo piensas mucho pero el domingo, de regreso a tu casa de la misa, oyes otra noticia en la radio. Ahora dicen que no son tres personas sino 30,000 personas en las colinas remotas de esta área de la India, y sale en las noticias en la TV esa noche. Gente del control de enfermedades de los Estados Unidos van para allá para investigarlo, porque es una enfermedad muy extraña y misteriosa.

El lunes cuando despiertas, ya es la noticia más importante en la primera página del periódico. Porque no solo La India, sino Pakistán, Afganistán e Irán, y luego la noticia está saliendo en todos los noticieros. Le están llamando "la influenza misteriosa". El presidente ha hecho un comentario que él y todos están rezando y esperando que todo vaya bien por allá. Pero todos se están preguntando, "¿cómo vamos a controlarlo?"

Entonces el presidente de Francia hace una declaración que sorprende a toda Europa - él está cerrando sus fronteras. No habrá más vuelos a Francia de La India, Pakistán o cualquier otro país donde se ha visto la enfermedad. Por lo del cierre de la frontera estás viendo las noticias en la noche antes de acostarte; y no lo puedes creer cuando oyes la traducción de una mujer llorando en Francia diciendo" ¡Hay un hombre en un hospital de París muriendo de la influenza misteriosa!" Ha llegado a Europa. Hay pánico.

La mejor información dice que cuando tienes, lo tienes por una semana y ni cuenta te das. Luego tienes cuatro días de síntomas horribles y luego mueres. Inglaterra ha cerrado sus fronteras, pero es demasiado tarde — ya se han presentado casos en South Hampton, Liverpool, North Hampton. Y es el martes en la mañana cuando el presidente de Estados Unidos declara: "Debido al riesgo de la seguridad nacional, todos los vuelos de Europa y Asia han sido cancelados. Si tienes seres queridos en el extranjero, lo siento. No pueden regresar hasta que encontremos una cura para la enfermedad".

En los siguientes días hay pánico en todo el mundo y todos tienen miedo. Gente está vendiendo mascaras para tu cara. La gente está contemplando que hará si llega la enfermedad al país.

El miércoles en la noche estas en la Iglesia por una misa especial para rezar por una cura, cuando alguien entra corriendo diciendo, "Prendan el radio, que prendan el radio". Y mientras que todos escuchan, se oye la noticia: "Dos mujeres están en el hospital de Nueva York muriendo de la influenza misteriosa". En horas, se parece, que la cosa invade todo el país.

Los científicos están trabajando sin parar para encontrar un antídoto, pero nada está funcionando. California, Oregón, Arizona, Florida... Y de repente, viene la noticia que todos han esperado: se ha descifrado el código DNA del virus. Se puede hacer el antídoto. Va a requerir la sangre de alguien que no ha sido infectado y, de hecho, en todo el centro del país, por los medios de emergencia que han estado trabajando tanto, a todos se les pide una sola cosa:

"¡Que vallan al hospital central de la ciudad para que se les practique un examen de sangre!" Vas de voluntario con tu familia juntos con otros vecinos, preguntándose lo que está pasando, y que esto es el fin del mundo... De repente, un doctor sale del hospital gritando un nombre que ha leído de su cuaderno. Dices "¿Qué?" y el vuelve a gritar el mismo nombre. Tu hijo chiquito a tu lado te agarra la chaqueta y dice "¡Papá, ese es mi nombre!"

Antes de que puedas reaccionar, han agarrado a tu hijo. Gritas "¡Oigan, esperen!" y ellos contestan, "Todo está bien su sangre está limpia. Su sangre es pura. Queremos asegurarnos que no tenga la enfermedad. Creemos que el tiene el tipo de sangre correcta". Cinco largos minutos después, salen los doctores y enfermeras, llorando, abrazándose y hasta algunos riéndose. Es la primera vez que se te acerca y te dice, "Gracias, señor, la sangre de su hijo es perfecta. Está limpia y pura, y podemos hacer un antídoto contra la influenza misteriosa".

La palabra empieza a correr por el estacionamiento y todos están gritando, rezando, riéndose de felicidad, llorando...Pero en eso el doctor se te acerca nuevamente a ti y a tu esposa y dice, "¿Podemos platicar en privado por un momento? Sé que no sabíamos que el donante sería un niño y necesitamos que firmen este formato para darnos el permiso de usar su sangre".

Empiezas a leer el permiso cuando te das cuenta que no han llenado la cantidad de sangre que necesitan tomar. "Pues, ¿c...c... cuánta sangre?" Es cuando la sonrisa del doctor se desaparece y contesta.

"No pensábamos que iba a ser un niño, no estábamos preparados... ¡La necesitamos toda!" No lo puedes creer y tratas de contestar "Pero... pero..." El doctor te sigue insistiendo, "Usted no entiende. Estamos hablando de todo el mundo".

"Por favor firme. La necesitamos... toda". Preguntas "pero, ¿por qué no le pueden dar una transfusión de sangre?" Viene la respuesta, "si tuviéramos sangre limpia podríamos. ¿Firmará? Por favor firme". En silencio y sin poder sentir los mismos dedos que tienen la pluma en la mano, lo firmas...

Te preguntan..." ¿Desean un momento con su hijo antes de que empecemos?" Puedes ver a tu hijo. Puedes caminar hacia esa sala de emergencia donde tu hijo está sentado en la cama diciendo, "¿Papá? ¿Mamá? ¿Qué está pasando?" Puedes tomar su mano y decirle, "Hijo tú Mamá y yo te amamos, y nunca dejaríamos que te pasara algo que no tenía que ser. ¿Comprendes eso?"

Y cuando ese doctor regresa y te dice, "Lo siento necesitamos empezar. Gente en todo el mundo está muriendo". ¿Te puedes ir? ¿Puedes darle la espalda a tu hijo y dejarlo ahí mientras él te dice, "Padre"? ¿Madre? ¿Por qué me han abandonado?"

Y la siguiente semana cuando hacen una ceremonia para honrar a tu hijo, alguna gente se queda dormida en la casa, otros no vienen porque prefieren ir a la presa o ver un partido de fútbol, y otros vienen a la ceremonia con una sonrisa falsa y fingen que les importa. Quisieras pararte y gritar "¡MI HIJO MURIÓ POR USTEDES!... ¿ES QUE NO LES IMPORTA?"

No se acepta el regalo

Cerca de Tokio vivía un gran samurái ya anciano, que se dedicaba a enseñar a los jóvenes. A pesar de su edad, corría la leyenda de que todavía era capaz de derrotar a cualquier adversario.

Cierta tarde, un guerrero conocido por su total falta de escrúpulos, apareció por allí. Era famoso por utilizar la técnica de la provocación: Esperaba a que su adversario hiciera el primer movimiento y, dotado de una inteligencia privilegiada para reparar en los errores cometidos, contraatacaba con velocidad fulminante.

El joven e impaciente guerrero jamás había perdido una lucha. Con la reputación del samurái, se fue hasta allí para derrotarlo y aumentar su fama. Todos los estudiantes se manifestaron en contra de la idea, pero el viejo aceptó el desafío.

Juntos, todos se dirigieron a la plaza de la ciudad y el joven comenzaba a insultar al anciano maestro. Arrojó algunas piedras en su dirección, le escupió en la cara, le gritó todos los insultos conocidos - ofendiendo incluso a sus ancestros. Durante horas hizo todo por provocarlo, pero el viejo permaneció impasible. Al final de la tarde, sintiéndose ya exhausto y humillado, el impetuoso guerrero se retiró.

Desilusionados por el hecho de que el maestro aceptara tantos insultos y provocaciones, los alumnos le preguntaron: "¿Cómo pudiste, maestro, soportar tanta indignidad? ¿Por qué no usaste tu espada, aún sabiendo que podías perder la lucha, en vez de mostrarte cobarde delante de todos nosotros?"

El maestro les preguntó: "Si alguien llega hasta ustedes con un regalo y ustedes no lo aceptan, ¿a quién pertenece el obsequio?". "A quien intentó entregarlo", respondió uno de los alumnos.

"Lo mismo vale para la envidia, la rabia y los insultos – dijo el maestro –. Cuando no se aceptan, continúan perteneciendo a quien los llevaba consigo".

Perdiendo todo, se gana mas

Una embarcación se preparaba para cruzar el océano y llegar al otro continente, eran algunos diez hombres que querían ser pioneros y llegar a donde nunca antes nadie había llegado. Se prepararon con alimentos suficientes para algunas semanas. La distancia a cruzar en realidad nadie la savia, y deberían de ir preparados. Luego de cargar el barco con sus avíos, se dispusieron a emprender el viaje. El cielo azul claro y el sosiego de las olas, hacían aquel día perfecto para navegar.

Después de tres días de navegar por el mar sobre aguas calmadas, notaron en el lejano horizonte algo que parecía como un huracán. Temerosos seguían navegando en aquella dirección llenándose de pavor, pues aquel huracán estaba cada vez más cerca, y se veía que entre más y más venia agarrando más fuerza. Pensaron en dar la vuelta y navegar en dirección opuesta, pero el huracán ya estaba cerca y no les daría tiempo para alejarse de él. Solo fue cuestión de minutos, para que los desafortunados marineros sintieran las violentas corrientes de viento y agua, sacudir fuertemente su barco.

Los marineros trataban de controlar el barco, pero este era constantemente sacudido tan fuertemente que todo el personal a bordo del barco, uno a uno fue perdiendo control, hasta caer a las aguas furiosas del mar. Todos trataban desesperadamente de nadar hacia el barco, pero las aguas se revolvían violentamente y uno a uno se iba tragando a los marineros. Ya todos se hallaban sumergidos entre las entrañas del mar, excepto uno que milagrosamente pudo sujetarse del barco y se mantenía a flote.

Después de un rato de estar entre la vida y la muerte luchando por sobrevivir, colgado del barco, el marinero noto que las aguas poco a poco se empezaban a calmar. Esto lo motivo para esforzarse más por sobrevivir. Luego de unos minutos, las aguas estaban calmadas por completo. El marinero, con las pocas fuerzas que le quedaban, logro subir al barco, y muy exhausto se quedo dormido por varias horas. Cuando comenzaba a despertar sintió una gran tranquilidad, el barco no se movía en lo absoluto. Abrió los ojos y no podía creer lo que miraba. Las aguas habían llevado aquel barco hasta la costa de una pequeña isla en medio del océano. Lleno de asombro y alegría bajo los alimentos y se dispuso a explorar la pequeña isla. Camino por todos rumbos y se percato de que había bastantes rastros de animales salvajes de los cuales se tenía que proteger. Tendría que aprovechar todo aquel día para construir una choza maciza que resistiera lluvia, viento y la intrusión de cualquier animal que le pudiera hacer daño.

Haciendo uso de su gran habilidad para trabajar con madera, recolecto troncos y ramas y se dio a la tarea de construir su cabaña. Trabajaba duro y sin cesar. Poco antes del anochecer el hombre ya había terminado su vivienda. Aseguro los alimentos que aún le quedaban y se dispuso a dormir puesto que había trabajado mucho todo ese día. A la mañana siguiente se encontró con una desagradable sorpresa. Había olvidado anclar el barco, y este había sido arrastrado lo suficiente lejos de la costa como para ya no poder recuperarlo. Entonces, utilizar el barco para irse a otro lugar, ya no podía ser una opción.

Desilusionado, se resigno a vivir en su choza y alimentarse de frutas silvestres, tal vez por el resto de sus días. En ocasiones lograba matar algunos animales pequeños y frotaba piedras para encender leña y cocerlos. En una ocasión, al estar encendiendo unos trozos de lecha, el hombre no tuvo cuidado y accidentalmente encendió fuego al hojarascal seco que cubría el suelo a su alrededor. El fuego fue creciendo rápidamente hasta alcanzar la choza y ferozmente la redujo a cenizas.

El hombre se desesperó y se puso a llorar sin consuelo. En su desesperación trataba inútilmente de apagar el fuego, pero era imposible. Agotado se alojo bajo una palmera, y ahí meditaba profundamente. Pasaron las horas y el desconsolado hombre no tenía idea de lo que iba a ser de él. De pronto algo llamo fuertemente su atención. A lo lejos se escuchaba el ruido parecido al de un barco. Diviso hacia el horizonte y se percato de que en efecto aquel ruido era de un barco que se dirigía hacia su dirección. Al tocar tierra se bajaron unos hombres que venían a rescatarlo.

"Pero... ¿Como supieron que yo estaba aquí?" Pregunto muy sorprendido el marinero. "Divisamos su señal de humo". Respondieron los rescatistas.

POSANDO PARA DA VINCI

La última cena fue pintada por Leonardo Da Vinci, el tiempo que le llevo terminar de pintar el cuadro fue de siete años y las figuras que le sirvieron como modelo para representar a los doce Apóstoles y al mismo Cristo fueron personas, escogiéndose primeramente a la figura que sería Judas Iscariote. Recordarán que este fue el apóstol que traicionó a su Maestro, por 30 pesos de plata.

Semana tras semana Da Vinci buscó un rostro marcado por las huellas de la deshonestidad, avaricia, hipocresía, y crimen. Una cara que reflejara el carácter de alguien quien traicionaría a su mejor amigo.

Después de pasar por muchas experiencias desalentadoras, en su búsqueda por el tipo de persona requerida para representar a Judas, información vino a Da Vinci, de un hombre cuya apariencia satisfacía completamente todas las respuestas, se le había encontrado en Roma, sentenciado a morir por una vida de vileza y crimen.

Da Vinci emprendió el viaje sin demora a Roma y se llevó a este hombre de la prisión a plena luz del sol. Era un joven de piel oscura, sucio y su pelo lacio largo y descuidado, representaba perfectamente el papel de Judas para su pintura.

Mediante un permiso especial del Rey, se trasladó al prisionero a Milán, donde se pintaría el cuadro.

Durante meses este hombre posó para Da Vinci y continuamente se esforzaba por plasmar en su pintura a este modelo. Al terminar de llevárselo los guardias, el prisionero se soltó repentinamente y corrió hacia Da Vinci y llorando amargamente le dijo: "Por favor dame una oportunidad, verdaderamente me sentí Judas Iscariote, por la vida que he llevado, no me pagues nada solamente déjame en libertad".

A Leonardo le sorprendió la cara de arrepentido de este hombre y lo dejó libre. Aproximadamente durante seis años, Da Vinci continuó laborando en su sublime obra de arte, uno a uno se seleccionaron los personajes cuyas características se asemejaran a las de los doce apóstoles, dejando de lado a la figura que representaría a Jesús, el cual sería el personaje más importante de su pintura.

Se examinaron detalladamente a cientos de jóvenes que podían representar a Jesús, esforzándose por encontrar un rostro cuya personalidad refleja inocencia y pureza, que estuviera libre de las huellas del pecado, un rostro que emanara belleza, finalmente después de semanas de intensa búsqueda se seleccionó a un joven de 33 años de edad, él representaría a Cristo.

Durante seis mese Leonardo trabajó en el personaje principal de su obra.

Al terminar se acercó al joven para pagarle por sus servicios, este no aceptándole el dinero y con una sonrisa le dijo "¿Que no me reconoces?". Da Vinci contestándole le dijo: "Nunca en mi vida te he visto, acepta este dinero". "¿Cómo podría cobrarte? Si hace seis años, me diste una oportunidad y yo la aproveché para entregarme a Cristo".

QUE BELLO ES VIVIR

Estoy cansado de trabajar y de ver a la misma gente, camino a mi trabajo todos los días. Llego a mi casa y mi esposa sirvió lo mismo de la comida para cenar. Voy a entrar al baño y mi hija de apenas año y medio no me deja porque quiere jugar conmigo, no entiende que estoy cansado.

Mi padre también me molesta algunas veces y entre clientes, esposa, hija, me vuelven loco, quiero paz. Lo único bueno es el sueño, al cerrar mis ojos ciento un gran alivio de olvidarme de todo y de todos.

— Hola vengo por ti.

— ¿Quién eres tú? ¿Cómo entraste?

— Me manda Dios por ti. Dice que escuchó tus quejas y tienes razón, es hora de descansar.

— Eso no es posible, para eso tendría que estar...

— Así es, si lo estás, ya no te preocuparás por ver a la misma gente, ni de aguantar a tu esposa con sus guisos, ni a tu pequeña hija que te moleste, ni escucharas los consejos de tu padre.

— Pero... ¿qué va a pasar con todo? ¿Con mi trabajo?

— No te preocupes, en tu empresa ya contrataron a otra persona para ocupar tu puesto y por cierto, está muy feliz porque no tenía trabajo.

— ¿Y mi esposa y mi bebé?

— A tu esposa le fue dado un buen hombre que la quiere, respeta y admira por sus cualidades y acepta con gusto todos sus guisos sin reclamarle nada. Y además se preocupa por tu hija y la quiere como si fuera suya y por muy cansado que siempre llegue del trabajo, le dedica tiempo para jugar con ella y son muy felices.

— ¡No, no puedo estar muerto!

— Lo siento, la decisión ya fue tomada.

— Pero...eso se significa que jamás volveré a besar la mejillita de mi bebé, ni a decirle te amo a mi esposa, ni darle un abrazo a mi padre. NO, NO QUIERO MORIR, QUIERO VIVIR, envejecer junto a mi esposa, no quiero morir todavía...

— Pero es lo que querías, descansar, ahora ya tienes tu descanso eterno, ¡duerme para siempre!

— ¡No, no quiero! ¡No quiero! ¡Por favor Dios...!

— ¿Qué te pasa amor? ¿Tienes una pesadilla? – dijo mi esposa despertándome.

— No, no fue una pesadilla, fue otra oportunidad para disfrutar de ti, de mi bebé, de mi familia, de todo lo que Dios creó.

¿Sabes?, estando muerto ya nada puedes hacer y estando vivo puedes disfrutarlo todo.

¡QUE BELLO ES VIVIR!

¿Que tan rico crees que eres?

Una vez, un padre de una familia acaudalada llevó a su hijo a un viaje por el campo con el firme propósito de que su hijo viera cuan pobres eran las gentes del campo. Estuvieron por espacio de un día y una noche completos en una granja de una familia campesina muy humilde. Al concluir el viaje y de regreso a casa el padre le pregunta a su hijo:

— ¿Qué te pareció el viaje?

— ¡Muy bonito, Papá!

— ¿Viste que tan pobre puede ser la gente?

— ¡Sí!

— ¿Y qué aprendiste?

—Vi que nosotros tenemos un perro en casa, ellos tienen cuatro. Nosotros tenemos una alberca que llega de una barda a la mitad del jardín, ellos tienen un arroyo que no tiene fin. Nosotros tenemos unas lámparas importadas en el patio, ellos tienen las estrellas. El patio llega hasta la barda de la casa, ellos tienen todo un horizonte de patio. Al terminar el relato, el padre se quedó mudo…y su hijo agrego:

— ¡Gracias, Papá, por enseñarme lo pobre que somos!

Quiéreme aunque te duela

Durante la era glacial, muchos animales morían a causa del intenso frío. Aun animales como los osos, con piel gruesa y velluda, morían a causas de las congelantes temperaturas que reinaban en aquellos lugares. Por todas partes se podían ver los cadáveres tiesos de zorras, búhos, y toda clase de animales solitarios. Los únicos que lograban sobrevivir, eran aquellos que se juntaban en manada, y entre todos generaban más calor que se aprovechaba mucho más eficientemente.

Los puercos espinos no tardaron en percibir esto, y pronto se empezaron a juntar en un grupo grande donde el calor que todos juntos generarían los salvaría del inmisericordioso frío. Tan pronto comenzaron a juntarse sintieron que las espinas de los puercos más próximos causaban pequeñas heridas y lastimaban un poco sus pieles. Se sentían un tanto incómodos y después de un corto tiempo, decidieron separarse, irse cada quien por su lado y así las espinas de los otros puercos no los molestarían.

Así pasaron un corto tiempo, pero luego algunos comenzaron a morirse de frío. Los que quedaban vivos sabían que podrían correr la misma suerte, pues sus cuerpos no podrían resistir aquellas temperaturas por mucho tiempo. Se dieron cuenta que tenían dos opciones: Se separaban para vivir cómodos un corto tiempo, y luego morir, o se juntaban en grupo aguantando las pequeñas heridas y sobrevivir al frío. Sin pensarlo mucho, se volvieron a juntar. Estaban dispuestos a aguantar las pequeñas incomodidades causadas por las espinas de sus vecinos próximos, pero lograr seguir vivos y evitar que su especie desapareciera de la faz de la tierra.

Reportaje a Dios

Con mi título de periodista recién obtenido, decidí realizar una gran nota...

— "Pasa – me dijo Dios –. ¿Así que quieres entrevistarme?"

— "Bueno – le contesté –, si tienes tiempo..."

Se sonrió por entre la barba y me dijo: "Mi tiempo se llama eternidad,... y alcanza para todo. ¿Qué pregunta quieres hacerme?"

— "Ninguna nueva ni difícil para ti: ¿Qué es lo que más te sorprende de los hombres?"

A lo que Dios respondió:

"Que se aburren de ser niños, apurados por crecer, y luego suspiran por regresar a ser niños.

Que primero pierden la salud para obtener dinero, y enseguida pierden el dinero para intentar de recuperar la salud.

Que por pensar ansiosamente en el futuro, descuidan su hora actual, con lo que ni viven el presente ni el futuro.

Que viven como si no fueran a morirse, y se mueren como si no hubieran vivido... y pensar que yo..."

Con los ojos llenos de lágrimas y la voz encontrada deja de hablar. Sus manos toman fuertemente las mías y seguimos en silencio.

Después de un largo tiempo y para cortar el clima, le dije:

— "¿Me dejas hacerte otra pregunta?" No me respondió con palabras, sino con su tierna mirada.

— "Entonces, Padre... ¿Qué es lo que les pedirías a tus hijos para este nuevo milenio?

"Que aprendan, que no pueden hacer que alguien los ame; solo dejarse amar.

Que toma años construir la confianza, y sólo segundos para destruirla.

Que lo más valioso no es lo que tienen en sus vidas, sino a quien tienen en sus vidas.

Que no es bueno compararse con los demás, pues siempre habrá alguien mejor o peor que ellos.

Que "rico" no es el que más tiene, sino el que menos necesita.

Que deben controlar sus actitudes, o sus actitudes los controlarán.

Que bastan unos segundos para producir heridas muy profundas en las personas que amamos, y que pueden tomar muchos años en ser sanadas.

Que aprendan que hay gente que los quiere mucho, pero que simplemente no saben cómo demostrarlo.

Que aprendan que el dinero lo compra todo, menos la felicidad.

Que a veces cuando están molestos tienen derecho a estarlo, pero eso no les da derecho a molestar a los que los rodean.

Que los grandes sueños no requieren de grandes alas, sino de un tren de aterrizaje para lograrlos.

Que amigos de verdad, son escasos. Quien ha encontrado uno, ha encontrado un tesoro.

Que aprendan que no siempre es suficiente ser perdonado por otros. Algunas veces deben perdonarse a si mismos.

Que son dueños de lo que callan y esclavos de lo que dicen.

Que la verdadera felicidad no es lograr sus metas, sino aprender a vivir con lo que son, y con lo que tienen.

Que aprendan que la felicidad no es cuestión de suerte sino producto de sus decisiones. Ellos deciden ser feliz con lo que son y tienen, o morir de envidia y celos por lo que les falta y carecen.

Que dos personas pueden mirar una misma cosa y ver algo totalmente diferente.

Que aprendan que, sin importar las consecuencias, aquellos que son honestos consigo mismos llegan lejos en la vida.

Que a pesar de que piensen que no tienen nada más que dar, cuando un amigo llora con ellos encuentran la fortaleza para vencer sus dolores.

Que aprendan que retener a la fuerza a las personas que aman, las alejas más rápidamente de ellos, y al dejarlas ir, las deja para siempre a su lado.

Que a pesar de que la palabra "amor" puede tener muchos significados distintos, pierde valor cuando es usada en exceso.

Que amar y querer no son sinónimos, sino antónimos: el querer lo exige todo, el amar lo entrega todo.

Que aprendan que nunca harán nada tan grande para que Dios los ame más...; ni nada tan malo para que los ame menos...; simplemente les amo a pesar de sus conductas.

Que la distancia más lejana que pueden estar de mi,...es la distancia de una simple oración".

Y así, en un encuentro profundo, tomados de las manos, continuamos en silencio...

Riquezas incompartidas

~

Una señora muy rica deseaba practicar la caridad en forma amplia y eficiente. Después de reflexionarlo algunos días, resolvió aconsejarse de un hombre renombrado por su sabiduría y buen corazón. Oyó éste encantado los propósitos de su visitante. Aclaró que no debe pedir consejo quien se reserva la decisión, por lo cual él se limitaría a dar su parecer y se expresó así:

— Hay una caridad, de primer grado, a la cual todos estamos obligados. Consiste en evitar que el prójimo padezca por nuestra culpa. La sencillez y la sobriedad, por ejemplo, inducen a imitarlas y disminuyen el valor de la especie, mientras la vanidad, la gula, la ostentación, el lujo, lo acrecientan. Luego, no hay que olvidar que la buena caridad empieza por los que están más cerca; entre ellos, los más humildes servidores. La caridad suprema de una madre, es consagrarse a asegurar la salud física y moral del hijo. Todo esto cumplido, si aún se puede más, es permitida la caridad en otras esferas.

— Le he pedido – exclamó la señora – una opinión para Emplear mi dinero en buenas obras y no me aconseje usted sobre mi vida.

— Yo creí, señora - repuso el hombre de buen corazón – que se trataba de usted, de su caridad y de su amor a los que sufren; pero advierto que la duda consiste en lo que ha de hacer con su dinero. En tal caso, aconséjese de un hombre de negocios. Prometió ella reflexionarlo nuevamente. Es lo que hace ahora.

SACÚDETE Y SIGUE

Se cuenta de cierto campesino dueño de una mula ya muy vieja, misma que un día cayó en un pozo que había en la finca. El hombre escuchó los bramidos del animal y corrió para ver el motivo. Le dio pena ver a su fiel servidora en esa condición; pero después de analizar cuidadosamente la situación, creyó que no había modo de salvar al pobre animal, y más valía sepultarla de una vez en el mismo pozo.

El campesino llamo a sus vecinos para que le ayudaran a enterrar a la mula, y así evitar que continuara sufriendo. Al principio la mula se puso histérica, pero a medida que aquellos humanos continuaban paleando tierra sobre su lomo, una idea vino a su mente.

"¡Cada vez que una pala de tierra cayera sobre si, ella debía sacudirse, y subir sobre la tierra!" Esto hizo la mula palazo tras palazo.

"Sacúdete y sube, sacúdete y sube, sacúdete y sube", repetía la mula para alentarse a si misma. No importaba cuan dolorosos fueran los golpes de la tierra y las piedras sobre su lomo; en medio de la tormentosa situación, la mula lucho contra el pánico y continuo "sacudiéndose y subiendo".

A sus pies fue elevándose el nivel del piso; los hombres, sorprendidos, captaron la estrategia de la mula y eso los alentó a continuar paleando. Poco a poco, llego el punto en que la mula, cansada y abatida, pudo salir con un brinco de aquel pozo. La tierra, que parecía que la enterraría, se convirtió en su bendición, todo por la manera en que ella enfrento la adversidad.

SE HA DISFRAZADO

El abad de un monasterio se hallaba muy preocupado. Años atrás, su monasterio había visto tiempos de esplendor. Sus celdas habían estado repletas de jóvenes novicios y en la capilla resonaba el canto armonioso de sus monjes. Pero habían llegado malos tiempos: la gente ya no acudía al monasterio a alimentar su espíritu. La avalancha de jóvenes candidatos había cesado y la capilla se hallaba silenciosa. Sólo quedaban unos pocos monjes que cumplían triste y rutinariamente sus obligaciones.

Un día, decidió pedir consejo, y acudió a un anciano obispo que tenía fama de ser hombre muy sabio en su avanzada edad. Emprendió el viaje, y días después se encontró frente al buen hombre. Le planteó la situación y le preguntó: "¿A qué se debe esta triste situación? ¿Hemos cometido acaso algún pecado?". A lo que el anciano obispo respondió: "Sí. Han cometido un pecado de ignorancia. El mismo Señor Jesucristo se ha disfrazado y está viviendo en medio de ustedes, y ustedes no lo saben". Y no dijo más.

El abad se retiró y emprendió el camino de regreso a su monasterio. Durante el viaje sentía como si el corazón se le saliese del pecho. ¡No podía creerlo! ¡El mismísimo Hijo de Dios estaba viviendo ahí en medio de sus monjes! ¿Cómo no había sido capaz de reconocerle? ¿Sería el hermano sacristán? ¿Tal vez el hermano cocinero? ¿O el hermano administrador? ¡No, él no! Por desgracia, él tenía demasiados defectos… Pero el anciano obispo había dicho que se había "disfrazado". ¿No serían acaso aquellos defectos parte de su disfraz? Bien mirado, todos en el convento tenían defectos… ¡y uno de ellos tenía que ser Jesucristo!

Cuando llegó al monasterio, reunió a sus monjes y les contó lo que había averiguado. Los monjes se miraban incrédulos unos a otros. ¿Jesucristo… aquí? ¡Increíble! Claro que si estaba disfrazado… Entonces, tal vez… Podría ser Fulano… ¿O Mengano? ¿O…?

Una cosa era cierta: Si el Hijo de Dios estaba allí disfrazado, no era probable que pudieran reconocerlo. De modo que empezaron todos a tratarse con respeto y consideración. "Nunca se sabe", pensaba cada cual para sí cuando trataba con otro monje, "tal vez sea éste…"

Sentido del sufrimiento humano

Un día, Akbar y Birbal fueron a la selva a cazar. Al disparar la escopeta, Akbar se hirió el pulgar y gritó de dolor. Birbal le vendó el dedo y le endilgó el consuelo de sus reflexiones filosóficas: "Majestad, nunca sabemos lo que es bueno o malo para nosotros". Al emperador no le sentó bien el consejo, se puso hecho una furia y arrojó a Birbal al fondo de un pozo abandonado.

Continuo después caminando sólo por el bosque, y en esto un grupo de salvajes le salieron al encuentro en medio de la selva, lo rodearon, lo hicieron cautivo y lo llevaron a su jefe. La tribu se preparaba para ofrecer un sacrificio humano, y Akbar era la víctima que Dios les había enviado. El hechicero oficial de la tribu lo examino en detalle y, al ver el pulgar roto, lo rechazo ya que la víctima no había de tener defecto físico alguno.

Akbar cayó entonces en la cuenta de que Barbal había tenido toda la razón, le entró remordimiento, volvió corriendo al pozo en que lo había echado, lo sacó y le pidió perdón por el daño que tan injustamente le había causado. Barbal contesto:

"Majestad, no tiene porque pedirme perdón, ya que no me ha causado ningún daño. Al contrario, su majestad me ha hecho un gran favor, me ha salvado la vida. Si no me hubiera arrojado a este pozo, hubiera continuado yo a su lado, y esos salvajes me hubieran capturado a mí para su sacrificio y habrían acabado conmigo. Como ve su majestad, nunca sabemos si algo ha de ser bueno o malo para nosotros".

Se pago el más alto precio

Un hombre que estaba tras el mostrador, miraba la calle distraídamente. Una niñita se aproximó al negocio y apretó la manita contra el vidrio en la vitrina. Los ojos de color del cielo brillaban cuando vio un determinado objeto. Entró en el negocio y pidió para ver el collar de turquesa azul. "Es para mi hermana. ¿Puede hacer un paquete bien bonito?" – dice ella.

El dueño del negocio miró desconfiado a la niñita y le preguntó: "¿Cuánto dinero tienes?" Sin dudar, ella sacó del bolsillo de su ropa un pañuelo todo atado y fue deshaciendo los nudos. Los colocó sobre el mostrador y dijo feliz: "¿Esto es suficiente?"

Eran apenas algunas monedas que ella exhibía orgullosa. "¿Sabe?, quiero dar este regalo a mi hermana mayor. Desde que murió nuestra madre, ella cuida de nosotros y no tiene tiempo para ella misma. Es su cumpleaños y estoy convencida de que quedará feliz con el collar que es del color de sus ojos".

El hombre fue para la trastienda, colocó el collar en un estuche, lo envolvió con un vistoso papel rojo e hizo un trabajado lazo con una cinta verde. – Tome –, dijo a la niña. – Llévelo con cuidado –. Ella salió feliz corriendo y saltando calle abajo. Aún no acababa el día, cuando una linda joven de cabellos rubios y maravillosos ojos azules, entró al negocio. Colocó sobre el mostrador el ya conocido envoltorio deshecho e indagó:

— ¿Este collar fue comprado aquí? –

— Sí, señorita. –

— ¿Y cuánto costó? –

— ¡Ah! – habló el dueño del negocio, – el precio de cualquier producto de mi tienda es siempre un asunto confidencial entre el vendedor y el cliente.–

La joven continuó: — Pero mi hermana tenía solamente algunas monedas. El collar es verdadero, ¿no? Ella no tendría dinero para pagarlo. —

El hombre tomó el estuche, rehízo el envoltorio con extremo cariño, colocó la cinta y lo devolvió a la joven. — Ella pagó el precio más alto que cualquier persona puede pagar. ELLA DIO TODO LO QUE TENÍA. —

El silencio llenó la pequeña tienda y dos lágrimas rodaron por la faz emocionada de la joven en cuanto sus manos tomaban el pequeño envoltorio.

SER FELIZ A TIEMPO

Cuenta la leyenda que un hombre oyó decir que la felicidad era un tesoro.

A partir de aquel instante comenzó a buscarla. Primero se aventuró por el placer y por todo lo sensual, luego por el poder y la riqueza, después por la fama y la gloria, y así fue recorriendo el mundo del orgullo, del saber, de los viajes, del trabajo, del ocio y todo cuanto estaba al alcance de su mano.

En un recodo del camino miró un letrero que decía:

"Le quedan dos meses de vida"

Aquel hombre, cansado y desgastado por los sinsabores de la vida se dijo: "Estos dos meses los dedicaré a compartir todo lo que tengo de experiencia, de saber y de vida con las personas que me rodean".

Y aquel buscador infatigable de la felicidad, sólo al final de sus días, encontró que en su interior, en lo que podía compartir, en el tiempo que les dedicaba a los demás, en la renuncia que hacía de sí mismo por servir, estaba el tesoro que tanto había deseado.

Comprendió que para ser feliz se necesita amar; aceptar la vida como viene; disfrutar de lo pequeño y de lo grande; conocerse a sí mismo y aceptarse a sí mismo como se es sentirse querido y valorado, pero también querer y valorar; tener razones para vivir y esperar, y también razones para morir y descansar.

Entendió que la felicidad brota en el corazón, con el roció del cariño, la ternura y la comprensión. Que son instantes y momentos de plenitud y bienestar; que está unida y ligada a la forma de ver a la gente y de relaciones con ella; que siempre está de salida y que para tenerla hay que gozar de paz interior.

Finalmente descubrió que cada edad tiene su propia medida de felicidad y que sólo Dios es la fuente suprema de la alegría, por ser El amor, bondad, reconciliación, perdón y donación total.

Y en su mente recordó aquella sentencia que dice:

"Cuánto gozamos con lo poco que tenemos y cuánto sufrimos por lo mucho que anhelamos"

Se venden cachorros

Un tendero estaba clavando un letrero sobre la puerta de su tienda. El letrero decía: "Se venden cachorros". Letreros como ese tienen una atracción especial para los niños pequeños, y efectivamente, un niño apareció bajo el letrero del tendero.

— ¿Cuánto cuestan los cachorros? – preguntó.

— Entre 30 y 50 dólares, respondió el tendero. El niño metió la mano en su bolsillo y sacó un poco de cambio.

— Tengo 2.37 dólares – dijo – ¿puedo verlos, por favor?

El tendero sonrió y silbó, y de la caseta de los perros salió "Dama", que corrió por el pasillo de la tienda seguida de cinco pequeñitas, diminutas bolas de pelo. Un cachorro se estaba demorando considerablemente. El niño inmediatamente distinguió al cachorro rezagado… ¡era cojo!

— ¿Qué le pasa a ese perrito? – preguntó.

El tendero le explicó que el veterinario había examinado al cachorro y había descubierto que le faltaba una cavidad de la cadera y cojearía por siempre. Estaría lisiada toda su vida. El niño se entusiasmo.

— Ese es el cachorro que quiero comprar – dijo.

— ¡No! Tú no quieres comprar ese perrito. Si realmente lo quieres, te lo voy a regalar – dijo el tendero.

El niño se enfado mucho. Miró al tendero directo a los ojos, y moviendo el dedo replico:

— No quiero que me lo regale. Ese perrito vale exactamente tanto como los otros perros y voy a pagar un precio completo. De hecho ahorita le voy a dar 2.37 dólares y luego 50 centavos al mes hasta terminar de pagarlo. El tendero replico:

— Realmente no quieres comprar este perrito. Nunca va a poder correr, brincar ni jugar contigo como los otros cachorritos.

Al oír esto, el niño se agachó y se enrolló la pierna del pantalón para mostrar una pierna izquierda gravemente torcida, lisiada, sostenida por un gran aparato ortopédico de metal. Miró al tendero y suavemente le respondió:

— Bueno pues yo tampoco corro tan bien que digamos, y el cachorrito va a necesitar a alguien que lo entienda.

Sin invitar al festejado

Como sabrás nos acercamos nuevamente a la fecha de mi cumpleaños todos los años se hace una gran fiesta en mi honor y creo que este año sucederá lo mismo. En estos días la gente hace muchas compras, hay anuncios en la radio, en la televisión y por todas partes no se habla de otra cosa, si no de lo poco que falta para que llegue el día.

"La verdad, es agradable saber, que al menos, un día al año algunas personas piensan un poco en mi. Como tú sabes, hace muchos años que comenzaron a festejar mi cumpleaños, al principio no parecía comprender y agradecer lo mucho que hice por ellos, pero hoy en día nadie sabe para qué lo celebran. La gente se reúne y se divierte mucho pero no saben de qué se trata.

"Recuerdo el año pasado al llegar mi cumpleaños, hicieron una gran fiesta en mi honor: pero sabes una cosa, ni si quiera me invitaron. ¡La fiesta era para mí y cuando llego el gran día me dejaron afuera, me cerraron la puerta! ¡Y yo quería compartir la mesa con ellos! (Apocalipsis 3,20).

La verdad no me sorprendió, porque en los últimos años todos me cierran las puertas. Como no me invitaron, se me ocurrió entrar sin hacer ruido, entré y me quedé en un rincón. Estaban todos tomando, había algunos borrachos, contando chistes, carcajeándose.

"La estaban pasando en grande; para el colmo llego un viejo gordo, vestido de rojo, de barba blanca y gritando:"JO, JO. JO, JO". Parecía que había bebido demás, se dejo caer pesadamente en el sillón y todos los niños corrieron hacia él, diciendo "¡SANTA CLAUS, SANTA CLAUS!", ¡como si la fiesta fuera en su honor!

"Llegaron las doce de la noche y todos comenzaron a abrazarse, yo extendí mis brazos esperando que alguien me abrazara. ¿Y sabes?, nadie me abrazó. Comprendí entonces que yo sobraba en esa fiesta. Salí sin hacer ruido, cerré la puerta y me retiré. Tal vez crean que yo nunca lloro, pero esa noche lloré, me sentía destruido, como un ser abandonado, triste y olvidado.

"Me llegó tan hondo que al pasar por tu casa, tú y tu familia me invitaron a pasar, además me trataron como a un rey, tú y tu familia realizaron una fiesta en la cual yo era el invitado de honor, además me cantaron las mañanitas: hacía tiempo que a nadie se le ocurría hacer eso. Que Dios bendiga a todas las familias como la tuya, yo jamás dejo de estar en ellas en ese día y todo los días.

"También me conmovió el pesebre que pusieron en un rincón de tu choza. ¿Sabes que hay países que se está prohibiendo poner nacimientos? ¡Hasta lo consideran ilegal! ¿A dónde irá a pasar este mundo? Otra cosa que me asombra es que el día de mi cumpleaños en lugar de hacerme regalos a mí, se regalan unos a otros. ¿Tú que sentirías si el día de tu cumpleaños, se hicieran regalos unos a otros y a ti no te regalaran nada?

"Una vez alguien me dijo: "¿Cómo te voy a regalar algo si a ti nunca te veo?" Ya te imaginarás lo que le dije: "Regala comida, ropa y ayuda a los pobres, visita a los enfermos a los que están solos y yo lo contaré como si me lo hubieran hecho a mi" (Mat.-25,34-40). Cada año que pasa es peor, la gente sólo piensa en las compras y los regalos y de mi ni se acuerdan".

Sobrepeso en el globo

Cuentan que una vez, una expedición que iba a darle la vuelta al mundo en globo, se vio atrapada en un cúmulo de nubes a 6000 metros de altura, nubes tan espesas y extensas que el globo se empezó a cubrir de escarcha. Esto hacía que perdieran altura rápidamente. La única forma de salir de allí, era poder salir por encima de las nubes para que el sol deshiciera la escarcha y que ahí el otro globo les asistiera. Pero descendían rápidamente, empezaron entonces a tirar todo lo que traían, hasta que finalmente se quedaron solamente con lo que andaban puesto y con su fe y oración.

El globo comenzó poco a poco a salir hasta que los rayos del sol empezaron a derretir ese hielo en el globo y pudieron ser asistidos. Muchas veces en nuestras vidas sentimos que todo va hacia abajo, y que cada vez hay más peso que nos lleva hacia el abismo. Jesús mandaba a sus apóstoles sin nada adicional más que su ropa y un bastón, para enseñarles a confiar en Dios y no en lo material que tenían.

Nosotros estamos atados al dinero, comodidades, etc., y por eso a veces sentimos que vamos hacia el vacío. Deja todas esas cosas materiales, así como tus rencores, odios y tristezas. Confía solamente en Dios, y El sacará tu globo a flote por encima de las nubes y su luz te librará de todas las cosas que pesaban sobre tu vida.

Sopa de piedras

Hubo una vez hace muchos años, un país que acababa de pasar por una guerra muy dura. Como ya es sabido, las guerras traen consigo rencores, envidias, muchos problemas, muchos muertos y mucha hambre. La gente no puede sembrar, no hay harina ni pan.

Cuando acabó la guerra y el país estaba destrozado, llegó a un pueblito un soldado agotado, harapiento y muy hambriento.

Golpeó la puerta de una casa y cuando vio a la dueña le dijo: "Señora, ¿no tendría un pedazo de pan para un soldado que viene muerto de hambre de la guerra?"

La mujer lo miró de arriba a abajo y respondió: "Pero ¿estás loco? ¿No sabes que no hay pan, que no tenemos nada? ¿Cómo te atreves?" Y a empujones con un portazo lo sacó fuera de la casa.

Pobre soldado. Continuó probando fortuna en una y otra casa, haciendo la misma petición y recibiendo a cambio peores respuestas y maltrato.

El soldado, casi desfallecido, no se dio por vencido. Cruzó el pueblo de punta a punta y llegó al final, donde estaba el lavadero público. Halló a unas cuantas muchachas y les dijo: "¡Eh, muchachas! ¿No habéis probado nunca la sopa de piedras que hago?"

Las muchachas se rieron de él diciendo: "¿Una sopa de piedras?; no hay duda de que estás loco"

Pero había unos chicos que estaban espiando y se acercaron al soldado cuando éste marchaba decepcionado: "Soldado, ¿te podemos ayudar?", le dijeron. "¡Claro que sí! Necesito una olla muy grande, un puñado de piedras, agua y leña para hacer fuego".

Rápidamente los chicos fueron a buscar lo que el soldado había pedido. Encendieron el fuego, pusieron la olla, la llenaron de agua y echaron las piedras. El agua comenzó a hervir. "¿Podemos probar la sopa?", preguntaron impacientes los chicos. "¡Calma, calma!"

El soldado la probó y dijo: "Mmmm... ¡Qué buena, pero le falta un poco de sal!" "En mi casa tengo sal", dijo un chico. Y salió corriendo por ella. La trajo y el soldado la echó en la olla.

Al poco tiempo volvió a probar la sopa y dijo: "Mmmm... ¡Qué rica!, pero le falta un poco de tomate". Daniel, uno de los chicos fue a buscar unos tomates y los trajo enseguida. En un momento los chicos fueron trayendo cosas: papas, lechuga, arroz y hasta un trozo de pollo.

La olla se llenó; el soldado removió una y otra vez la sopa hasta que de nuevo la probó y dijo: "Mmmm... es la mejor sopa de piedras que he hecho en toda mi vida. ¡Vengan, vengan; avisen a toda la gente del pueblo que venga a comer! ¡Hay para todos! ¡Que traigan platos y cucharas!"

Repartió la sopa. Hubo para todos los del pueblo que, avergonzados, reconocieron que si bien era verdad que no tenían pan; juntos podían tener comida para todos.

Te hice a ti

En la calle vi a una niña sucia y descalza, temblando de frió con un vestido ligero y en el rostro pronunciadamente reflejados los dolorosos estragos causados por el hambre. En su mirada triste y decaída se veía que no tenía la mínima esperanza de encontrar ni un tipo de alimento o algo para protegerse del intenso frío.

No lejos de allí, en cuanto la luz del semáforo cambio a rojo, un hombre sin piernas, con ropas sucias y desgarradas, hacia un esfuerzo extraordinario por arrastrarse lo más rápido posible sobre el sucio y húmedo pavimento. Al cruzar la calle estaba una bolsa con desperdicios de alimentos que bien podría ser el único alimento que comería en varios días.

Un amigo me mandó un video de la guerra en Irak, donde una madre después de haber perdido a su esposo y dos hijos en su casa que fue parcialmente dañada por una bomba, cargaba a su hijita gravemente herida. Varias mujeres a su lado corrían con la misma suerte. Cada una de ellas lloraba angustiadamente la muerte de al menos un familiar suyo víctima de la despiadada violencia que reina en aquel país.

Poco después, mi ahijado, misionero en China, me mandó una secuencia de fotos donde estaban tiradas en la calle varias niñas recién nacidas, sin que nadie mostrara la menor preocupación por recogerlas y hacer algo por ellas. De hecho daba la Impresión de que esto fuera tan natural que a nadie le incomodaba en lo más mínimo.

Me enojé y le dije a Dios: "¿Por qué permites todo esto? ¿Por qué no haces algo para remediarlo?" A lo que Dios respondió...Te hice a ti.

TUS LÁGRIMAS

Cuentan que había una vez un señor que padecía lo peor que le puede pasar a un ser humano: su hijo había muerto. Desde su muerte y durante años, no podía dormir. Lloraba y lloraba hasta que amanecía. Un día, cuenta el cuento, se le aparece un ángel en su sueño, que le dice:

— ¡Basta ya de llorar!

— Es que no puedo soportar la idea de no verlo nunca más — le respondió el hombre. El ángel le dice:

—¿Quieres verlo? — Y al confirmarle que sí, lo toma de la mano y lo sube al cielo.

— Ahora lo vas a ver, quédate acá.

A una orden suya, por una enorme acera empiezan a pasar un montón de niños vestidos como angelitos, con alitas blancas y una vela encendida entre las manos. El hombre dice:

— ¿Quienes son?

Y el ángel responde:

— Estos son los niños que han muerto en estos años, y todos los días hacen este paseo con nosotros, porque son puros.

— ¿Mi hijo está entre ellos? – preguntó el hombre.

— Sí, ahora lo vas a ver – le contestó, mientras pasaban cientos y cientos de niños.

— Ahí viene – avisa el ángel, y el hombre lo ve, radiante como lo recordaba. Pero de pronto, algo lo conmueve: entre todos, es el único chico que tiene la vela apagada. Siente una enorme pena y una terrible congoja por su hijo. En ese momento, el chico lo ve, viene corriendo y se abraza a él. Él lo abraza con fuerza y le dice:

— Hijo, ¿por qué tu vela no tiene luz? ¿Por qué no encienden tu vela como a los demás? – Y su hijo le responde:

— Papá, si encienden mi vela cada mañana, igual que la de todos los otros niños, pero…, ¿sabes qué pasa? Cada noche tus lágrimas apagan la mía.

UNA BREVE CARTA DE UN AMIGO

Cuando te levantabas esta mañana, te observaba y esperaba que me hablaras, aunque fuera unas cuantas palabras, preguntando mi opinión o agradecimiento por algo bueno que te haya sucedido ayer. Pero noté que estabas muy ocupado buscando la ropa adecuada para ponerte e ir al trabajo.

Seguí esperando de nuevo, mientras corrías por la casa arreglándote, supe que habría unos cuantos minutos para que te detuvieras y me dijeras "Hola", pero estabas demasiado ocupado. Te observé mientras ibas rumbo al trabajo y esperé pacientemente todo el día. Con todas tus actividades supongo que estabas demasiado ocupado para decirme algo. Pero está bien, aun queda mucho tiempo.

Después encendiste el televisor, esperé pacientemente, mientras veías el televisor, cenabas, pero nuevamente te olvidaste de hablar conmigo y nada. A la hora de dormir, creo que ya estabas muy cansado. Después de decirle buenas noches a tu familia, caíste en tu cama y casi de inmediato te dormiste, no hay problema, porque quizás no te das cuenta de que siempre estoy ahí para ti.

Tengo más paciencia de la que te imaginas. También quisiera enseñarte como tener paciencia para con otros. Te amo tanto que espero todos los días por una oración, un pensamiento o un poco de gratitud de tu corazón. Bueno, te estás levantando de nuevo, y otra vez esperaré sin nada más que mi amor por ti, esperando que el día de hoy me dediques un poco de tiempo.

¡Que tengas un buen día!

Tu amigo:

Jesús de Nazaret

Una fabula de amor

⁓

Estaba Dios en su taller de orfebre trabajando arduamente en su última creación, cuando un grupo de Ángeles, intrigados por su afanosa entrega se atrevieron a interrogarle.

"¿Qué haces?"

"La más grande de mis obras maestras".

"¿En qué consiste?" preguntaron.

"En un ser con cuatro pares de ojos y seis brazos".

Sorprendidos exclamaron: "¿Y para qué le van a servir cuatro pares de ojos?"

"Un par de ojos es para que pueda apreciar la belleza que lo rodea; uno más para comprender cada acción que realicen mis hijos; el tercero para leer los pensamientos, las palabras no pronunciadas, con unos ojos que puedan ver los corazones y ante los cuales no pueda haber secretos; y el último para apreciar la presencia de Dios en la paz de un niño durmiendo.

"¿Tantos brazos para qué?"

"Los dos primeros son para servir, desde esforzarse en el trabajo más arduo hasta cultivar la flor más delicada; dos más serán para acunar a cada uno de mis hijos llenarlos de caricias, de ternura y amor; y los últimos para levantarlos y luchar ante la injusticia y el abandono".

"Este nuevo ser, ¿será inteligente?"

"Tendrá la capacidad ilimitada para abordar temas más intrincados y poseerá la sensibilidad del poeta, el pensamiento mágico de la fantasía y sabrá encontrar en estrellas y esperanzas en los campos áridos y desérticos".

Los Ángeles cada vez más intrigados de lo que hacía su Señor, no cesaban de preguntar: "Este ser tan raro, ¿tendrá una función especial?"

"Con sólo un beso podrá mitigar el llanto de un pequeño, perdonar la falta más grave, dar aliento a un valiente, acariciar el alma de un anciano, seducir al guerrero más poderoso y dar compañía con sólo recordarlo en la soledad.

Uno de los Ángeles tocó el modelo en proceso y exclamó: "¡Parece muy débil! Su aspecto es frágil". Contestó Dios: "Pero su fortaleza es incalculable. Puede soportar hambre, miseria, dolor, abandono, pero jamás se dará por vencido, sabe hacer milagros con los alimentos y jamás dejará a uno de mis hijos con hambre, lo dará todo y tendrá la virtud de sonreír en medio de la adversidad".

"Nunca te habíamos visto trabajar tanto en un ser, ¿por qué es tan importante?"

"El mundo cada día crece más y no puedo estar en todas partes, necesito hoy más que nunca que alguien me ayude a conservar y engrandecer mi creación, a llevar mi bondad y presencia a todos los seres humanos".

Uno de los Ángeles toco el rostro y para sorpresa se dio cuenta que tenía una lágrima. "¿Qué es?", preguntó el ángel.

"El bálsamo del amor, es su expresión sublime ante el dolor de mis hijos, es su aflicción ante el sufrimiento que manifiesta la sensibilidad de su espíritu y brota en forma incontenible ante las penas y alegrías".

Los Ángeles finalmente preguntaron: "¿Cómo le llamaras?"

"Será reconocida por ser forjadora de seres humanos extraordinarios, su aroma permanecerá por siempre y su nombre estará escrito en forma indeleble en la historia de la humanidad". Finalmente hizo una larga pausa como meditando el nombre que le daría y sonriendo ante lo más sublime de la creación exclamó:

"¡Le llamaré MADRE!"

UN ÁNGEL CONFUNDIDO

Dos Ángeles que viajaban pararon a pasar la noche en el hogar de una familia rica. La familia era grosera y rechazo la estancia de los Ángeles en el cuarto de huéspedes de la mansión. En su lugar, los Ángeles fueron hospedados en un espacio frió del sótano. Hicieron su cama en el suelo duro, entonces, el ángel más viejo vio un agujero en la pared y lo reparó.

Cuando el ángel más joven le preguntó por qué lo hizo, el ángel viejo le contestó que "las cosas no son siempre lo que parecen".

La noche siguiente, los Ángeles se hospedaron en un hogar muy pobre, pero el granjero y su esposa eran muy hospitalarios. Después de compartir el poco alimento que tenían, los esposos dejaron dormir a los Ángeles en la cama de ellos para que estuvieran cómodos el resto de la noche.

Cuando el sol salía la mañana siguiente los Ángeles encontraron al granjero y a su esposa hechos pedazos: Su única vaca, de la cual obtenían dinero por su leche, posaba muerta en el campo.

El ángel joven se molestó y le preguntó al ángel viejo por qué dejó que esto sucediera. "El primer hombre tenía todo y le ayudaste, la segunda familia tenía muy poco y estaban dispuestos a compartir todo y dejaste morir a su única vaca".

"Las cosas no siempre son lo que aparentan" le contestó el viejo ángel.

"Cuando permanecimos en el sótano de la mansión, noté que había oro en ese agujero de la pared. Puesto que el propietario era tan obsesionado, avaro y poco dispuesto a compartir su buena fortuna, sellé la pared para que él jamás lo encuentre. Entonces, ayer en la noche cuando nos dormimos en la cama de los granjeros, el ángel de la muerte vino por su esposa. Le di la vaca en lugar de ella".

"Las cosas no siempre son lo que parecen".

Esto es lo que sucede cuando las cosas no resultan de la manera que esperamos. Si tienes fe, necesitas confiar en ese resultado y esta será tu única ventaja. Puede ser que no lo sepas hasta tiempo más adelante.

Piensa de esto:

— Si te es difícil conseguir dormir esta noche, apenas recuerda a la familia sin hogar que no tiene ni una cama para dormir.

— Si te encuentras atorado en el tráfico no te desesperes, hay gente en este mundo para la cual conducir sería un privilegio.

— Si tienes un mal día en el trabajo piensa en el hombre que lleva tres meses buscando trabajo.

— Si tu coche te deja millas lejos de pedir ayuda. Piensa en el paralítico que desearía tener la oportunidad de tomar esa caminata.

— Si te encuentras víctima de la gente amargada, ignorante, o envidiosa; Recuerda que las cosas podrían ser mucho peores. Tú podrías ser una de ellas.

Una rosa blanca...y una muñeca

Entre a la tienda departamental de mi ciudad para hacer unas compras navideñas de último minuto. Miré a toda la gente y renegué entre dientes. Estaría allí hasta muy tarde y tenía muchísimo que hacer. Navidad estaba comenzando a ser un enfado. Yo prefería dormir hasta que pasara Navidad.

Me fui lo más pronto posible entre toda la gente y me dirigí al departamento de juguetes. Estando allí, renegué de nuevo sobre los precios y me puse a pensar que si mis nietos los apreciarían, o si iban a jugar con ellos.

Me encontré en la sección de las muñecas. De reojo, miré un niño de más o menos cinco años abrazando una linda muñeca. Le tocaba su cabello y la abrazaba tan tiernamente que, sin querer, seguía yo volteando hacia él y pensando para quién sería esa muñeca.

Lo miré que volteó hacia una mujer que llamo "tía" y le dijo:

— "¿Estás segura que no tenemos suficiente dinero para comprarla?".

Su tía le dijo que no se moviera de allí, que ella tenía que comprar otras cosas y regresaría en pocos minutos; luego se retiró.

El niño continúo abrazando la muñeca. Después de un ratito, le pregunté para quién era la muñeca. Me contestó:

— "Es la muñeca que tanto ansió mi hermanita para Navidad. Ella estaba segurísima de que el niño Dios se la regalaría".

Le dije que quizás el niño Dios se la llevaría y él contestó:

— "No, el niño Dios no puede ir a donde está mi hermana, tengo que darle la muñeca a mi Mamá para que se la lleve". Le pregunté qué en donde estaba su hermanita. Me miró con sus ojos llenos de tristeza y me dijo:

— "Ella se ha ido con Jesús, mi Papá dice que Mamá tendrá que irse para estar con ella". Mi corazón casi paro de latir. Luego me volvió a mirar el niño y me dijo:

— "Le dije a mi Papá que le dijera a mi mamá que no se fuera todavía, que esperara hasta que volviera yo de la tienda". Luego me preguntó que si quería yo ver su fotografía. Le dije que me encantaría. Sacó unas fotos que se había tomado frente a la tienda y me dijo:

— "Quiero que mi mamá se lleve estas fotos para que nunca se olvide de mí, yo quiero tanto a mi mamá y quisiera que no tuviera que dejarme, pero Papá dice que necesita estar con mi hermanita". Miré que el niño agacho su cabeza y se puso muy callado. Mientras él no miraba, metí mi mano a mi bolso y tomé un puño de billetes.

Le pregunté al niño:

— "¿Contamos de nuevo el dinero?" Se puso muy contento y me dijo que sí, que él sabía que tenía que ser suficiente. Metí mi dinero entre el de él y lo comenzamos a contar. Era lo suficiente para la muñeca. Suavemente dijo:

— "Gracias Jesús, por darme suficiente dinero". Entonces el niño me dijo:

— "Le pedí a Jesús que me diera suficiente dinero para comprar esta muñeca, para que Mamá se la pueda llevar a mi hermanita y El escucho mi oración. También quería pedirle para comprarle una rosa blanca a mi mamá, pero se me olvido pedírselo. Pero El, que todo lo sabe, me dio lo suficiente para comprar la muñeca y la rosa para mi mamá. A ella le encantan las rosas blancas".

En unos momentos, regresó la tía y yo me fui con mi carrito. No podía dejar de pensar en el niño mientras terminaba de hacer mis compras. Ya tenía yo una actitud y un sentimiento totalmente diferente de cuando comencé. Estaba recordando algo que había leído en el periódico unos días antes, sobre un conductor ebrio que había chocado contra un automóvil, matando a una niña y la Mamá estaba en condición muy crítica.

La familia estaba tratando de decidir si quitarle la vida artificial. Pero seguramente, este niño no podría ser parte de este relato. Dos días después, ley la noticia de que la familia había decidido desconectar la vida artificial. Más tarde ese día, no pude resistir y fui y compré unas rosas blancas y las llevé a la funeraria en donde estaba la joven mujer.

Y allí estaba ella, deteniendo una bella rosa blanca, la hermosa muñeca y la foto del niño de la tienda. Me fui de allí llorando… Mi vida cambio para siempre.

El amor que ese niño tenía para su hermanita y su madre era sobresaliente, y en un instante, un conductor ebrio, partió la vida de ese niño en pedazos…

UNA TAZA CUENTA SU HISTORIA

Se cuenta que alguna vez, en Inglaterra, existía una pareja que gustaba de visitar las pequeñas tiendas del centro de Londres. Una de sus tiendas favoritas era una en donde vendían vajillas antiguas.

En una de sus visitas a la tienda vieron una hermosa tacita. "¿Me permite ver esa tasa? — preguntó la señora —, ¡nunca he visto nada tan fino como eso!" En cuanto tuvo en sus manos la taza, escuchó que la tacita comenzó a hablar.

La tacita le comentó:" ¡Usted no entiende! ¡Yo no siempre he sido esta tasa que usted está sosteniendo! Hace mucho tiempo yo solo era un montón de barro amorfo. Mi creador me tomó entre sus manos y me golpeó y me amoldó cariñosamente. Llegó un momento en que me desesperé y enfadada le grité berrinches, a lo que él me respondió: 'aguanta un poco más, todavía no es tiempo'.

"Después me puso en un horno. ¡Yo nunca había sentido tanto calor! Me pregunté por qué mi creador querría quemarme, así que toqué la puerta del horno. A través de la ventana del horno pude leer los labios de mi creador que me decían: 'aguanta un poco más, todavía no es tiempo'.

"Finalmente se abrió la puerta. Mi creador me tomó y me puso en una repisa para que me enfriara. '¡Así está mucho mejor!' me dije a mi misma, pero apenas y me había refrescado cuando mi creador ya me estaba cepillando y pintándome. ¡El color de la pintura era horrible! ¡Sentía que me ahogaría! '¡Por favor detente!' le gritaba yo a mi creador, pero el sólo movía la cabeza haciendo un gesto negativo y decía 'aguanta un poco más, todavía no es tiempo'.

"Al fin dejo de pintarme: pero esta vez me tomó y me metió nuevamente a un horno más caliente Ahora sí estaba segura que me sofocaría. Le rogué y le imploré que me sacara, grité, lloré, pero mi creador sólo me miraba diciendo 'aguanta un poco más, todavía no es tiempo'.

"En ese momento me di cuenta que no había esperanza. Nunca lograría sobrevivir a ese horno. Justo cuando estaba a punto de darme por vencida se abrió la puerta y mi creador me tomó cariñosamente y me puso en una repisa que era aún más alta que la primera.

"Allí me dejó un momento para que me refrescara. Después de una hora de haber salido del segundo horno, me dio un espejo y me dijo: '¡Mírate! ¡Esta eres tú!' ¡Yo no podía creerlo! Esa no podía ser yo ¡Lo que veía era hermoso! Mi creador nuevamente me dijo: 'Yo sé que te dolió haber sido golpeada y amoldada por mis manos, pero si te hubiera dejado como estabas, te hubieras secado.

Sé que te causó mucho calor y dolor estar en el primer horno, pero de no haberte puesto allí, seguramente te hubieras estrellado. También sé que los gases de la pintura te provocaron muchas molestias, pero de no haberte pintado tu vida no tendría color. Y si no te hubiera puesto en ese segundo horno, no hubieras sobrevivido mucho tiempo, porque tu dureza no había sido la suficiente para que subsistieras. Ahora tú eres un producto terminado. ¡Eres lo que yo tenía en mente cuando te comencé a formar!'".

Un famoso rabiño

Una vez un famoso rabiño, que vivía muy modestamente, recibió en su casa la visita de una de las personas más acaudaladas de Europa, que se encontraba de paso por esa ciudad. El rabiño era todo un erudito y tanto renombre tenía su sabiduría, que el millonario no quiso desaprovechar la oportunidad de conocerlo.

Al ingresar en la casa del rabiño, fue muy grande su sorpresa al encontrarse con una pequeña habitación un tanto oscura y con pocos muebles. Luego de conversar con el rabiño, y deleitarse con su sabiduría, no pudo dejar de preguntarle al rabiño:

"Rabiño, es usted uno de los eruditos más grandes de nuestra época, ¿por qué vive de una manera tan precaria? ¿Por qué no se muda a una casa más grande, más linda, más acorde a lo que usted se merece?" El rabiño prefirió evitar la respuesta en ese momento, y prometió responderle en un próximo encuentro, esta vez en la habitación del hotel donde se alojaba el acaudalado visitante.

A los pocos días el ilustre rabiño se presenta en el hotel y el rico lo invita a pasar a su habitación. Aquella habitación, como todas las de aquella época en esa pequeña ciudad, era una pequeña habitación con una cama y un armario, sin baño privado. El rabiño frunció el ceño y asombrado le pregunta al millonario:

"Dígame, buen hombre, ¿cómo una persona como usted puede vivir en un lugar tan precario como este? Usted se queja de mi pero yo por lo menos además de cama y armario tengo mesa y sillas, además tengo baño privado…" La respuesta de aquel importante hombre no se hizo esperar: "Rabiño, me extraña su pregunta, usted bien sabe que me encuentro de paso por este sitio, no me molesta hospedarme en una habitación "en mi corta estadía por aquí".

El rabiño sonrió y le contestó: "Yo sabía que una persona inteligente como usted iba a estar de acuerdo conmigo. Yo pienso exactamente como usted, es por eso que vivo donde vivo. Yo también estoy de paso por este mundo, es sólo un pasillo hacia el verdadero mundo, es por eso que no quiero dedicar todas mis fuerzas y mi dinero en un lugar que estoy de paso.

"Mi palacio y riquezas están en los libros que me rodean. Estos adornan mi sabiduría ya que por ahora mi palacio es mi mente y pensamientos. Esto lo lleno de Dios, decorando así mi palacio mental y espiritual con adornos de inmensa belleza".

Al cabo de unos años el rabiño se encontraba de visita en la ciudad donde vivía aquel acaudalado hombre quien gustosamente lo invitó a conocer su casa, al egresar al magnífico palacio, el rabiño se detuvo a observar las grandes obras de arte, y los exquisitos detalles decorativos tan costosos, pero repentinamente, se tornó hacia su anfitrión y se quedó mirándolo fijo, como si nada existiera a su alrededor; el millonario lo observó y le dijo: "¿Qué le pasa rabiño, hay algo que no le gusta? ¿Acaso usted no me enseño que no es importante todo esto, que estamos de paso por la vida?"

El rabiño le contestó: "Sigo opinando lo mismo, no cambié mi punto de vista, solo que al entrar a tu mansión, fueron tantas las cosas bonitas para observar que dejé de prestarte atención a ti, a lo que tú eres, y me dediqué a prestarle atención a lo que tú tienes. Cuando me di cuenta percibí que debe ser muy triste que tú invites a un huésped y en vez de dedicarse a ti, se dedique a lo que tú tienes, por eso interrumpí esa tonta postura y me dediqué a ti como si nada existiera.

"Pero ahora dime cuando la gente viene a visitarme a mi humilde casa no tengo duda que lo hacen porque es a mí a quien valoran, en mi casa no hay lo que ver, pero cuando vienen a visitarte a ti en tu palacio, ¿es a ti a quien realmente visitan? ¿Es a ti a quien realmente desean ver, o a tus posesiones?"

Un mensaje para el rey

Hubo una vez un rey que dijo a los sabios de la corte: "Me estoy fabricando un precioso anillo. He conseguido uno de los mejores diamantes posibles. Quiero guardar oculto dentro del anillo algún mensaje que pueda ayudarme en momentos de desesperación total, y que ayude a mis herederos, y a los herederos de mis herederos, para siempre. Tiene que ser un mensaje pequeño, de manera que quepa debajo del diamante del anillo".

Todos quienes escucharon eran sabios, grandes eruditos; podrían haber escrito grandes tratados, pero darle un mensaje de no más de dos o tres palabras que le pudieran ayudar en momentos de desesperación total... Pensaron, buscaron en sus libros, pero no podían encontrar nada.

El rey tenía un anciano sirviente que también había sido sirviente de su padre. La madre del rey murió pronto y este sirviente cuidó de él, por lo tanto, lo trataba como si fuera de la familia. El rey sentía un inmenso respeto por el anciano, de modo que también lo consultó. Y éste le dijo:

"No soy un sabio, ni un erudito, ni un académico, pero conozco el mensaje. Durante mi larga vida en el palacio, me he encontrado con todo tipo de gente, y en una ocasión me encontré con un hombre sabio. Era invitado de tu padre, y yo estuve a su servicio. Cuando se iba, como gesto de agradecimiento, me dio este mensaje"; el anciano lo escribió en un diminuto papel, lo dobló y se lo dio al rey. "Pero no lo leas" le dijo, "manténelo escondido en el anillo. Ábrelo sólo cuando todo lo demás haya fracasado, cuando no encuentres salida a la situación".

Ese momento no tardó en llegar. El país fue invadido y el rey perdió el reino. Estaba huyendo en su caballo para salvar su vida y sus enemigos lo perseguían. Estaba solo y los perseguidores eran numerosos. Llegó a un lugar donde el camino se acababa, no había salida: enfrente había un precipicio y un profundo valle; caer por él sería el fin. Y no podía volver porque el enemigo le cerraba el camino. Ya podía escuchar el trotar de los caballos. No podía seguir hacia delante y no había ningún otro camino... De repente, se acordó del anillo. Lo abrió, sacó el papel y allí encontró un pequeño mensaje tremendamente valioso: Simplemente decía "ESTO TAMBIÉN PASARÁ".

Mientras leía "esto también pasará" sintió que se cernía sobre él un gran silencio. Los enemigos que le perseguían debían haberse perdido en el bosque, o debían haberse equivocado de camino. Pero lo cierto es que poco a poco dejó de escuchar el trote de los caballos. El rey se sentía profundamente agradecido al sirviente y al místico desconocido. Aquellas palabras habían resultado milagrosas. Dobló el papel, volvió a ponerlo en el anillo, reunió a sus ejércitos y reconquistó el reino. Y el día que entraba de nuevo victorioso en la capital hubo una gran celebración con música, bailes... y él se sentía muy orgulloso de sí mismo.

El anciano estaba a su lado en el auto y le dijo: "Este momento también es adecuado: vuelve a mirar el mensaje" "¿Qué quieres decir?" preguntó el rey. "Ahora estoy victorioso, la gente celebra mi vuelta, no estoy desesperado, no me encuentro en una situación sin salida". "Escucha". Dijo el anciano, "este mensaje no es sólo para situaciones desesperadas; también es para situaciones placenteras. No es sólo para cuando estás derrotado; también es para cuando te sientes victorioso. No es sólo para cuando eres el último; también es para cuando eres el primero".

El rey abrió el anillo y leyó el mensaje: "Esto también pasará", y nuevamente sintió la misma paz, el mismo silencio, en medio de la muchedumbre que celebraba y bailaba, pero el orgullo, el ego, había desaparecido. El rey pudo terminar de comprender el mensaje. Se había iluminado. Entonces el anciano le dijo: "RECUERDA QUE TODO PASA. Ninguna cosa, ni ninguna emoción son permanentes. Como el día y la noche, hay momentos de alegría y momentos de tristeza. Acéptalos como parte de la dualidad de la naturaleza porque son la naturaleza misma de las cosas".

Un pantano era su morada

╭───∿───╮

Un pájaro débil y solitario vivía resignado a la mediocridad, en un árbol podrido, en medio de un húmedo y asqueroso pantano; el pájaro tristemente se había acostumbrado a estar ahí. Comía solamente los pocos gusanos pequeños del fango y se hallaba siempre sucio por el pestilente lodo que lo rodeaba. Sus alas estaban inutilizadas por el peso de la mugre, que se había acumulado a lo largo de sus días en aquel lugar.

Cierto día, un ventarrón violento amenazaba con destruir su débil guarida; el árbol podrido comenzaba a ser tragado por el barro aguado; donde, hasta ese entonces, ligeramente se sostenía. El pájaro lleno de angustia, sentía que inevitablemente, la muerte le asechaba y el no podía hacer nada al respecto.

En medio de la desesperación, en un deseo repentino de salvarse, comenzó a aletear con fuerza para tratar de emprender el vuelo que lo salvaría de aquella odisea. Avía pasado mucho tiempo desde la última vez que había volado. Noto que se le dificultaba mucho el simple hecho de sacudir las alas, por lo que su angustia aumentaba. De pronto se decidió a revolver las alas lo más rápido posible, aunque esto le causara un enorme dolor.

Poco a poco sintió como su frágil cuerpo se elevaba, y centímetro a centímetro se alejaba más y más de la rama del árbol donde estaba parado. Entusiasmado, siguió aleteando con todas sus fuerzas, hasta que logro levantarse en un vuelo normal. Lleno de emoción, siguió volando sin rumbo fijo. Solo deseaba sentir el rose suave del viento sobre su pico.

Al cabo de unos minutos de vuelo, se encontró con algo que jamás hubiera soñado: Un enorme llano cubierto de árboles frondosos y flores hermosas que mostraban sus bellos colores bajo los rayos del sol. El pájaro estaba feliz de haber llegado a este lugar, aunque lamentaba mucho todo el tiempo desperdiciado en el deprimente pantano.

UN SUPUESTO DÍA MALO

Ese día por la mañana derramé el café sobre el mejor mantel del hogar; y al estar limpiando me manché la ropa recién planchada y lavada que ya traía puesta. Después ya estando en camino hacia la oficina, el tráfico era tan denso que llegué tarde a mi trabajo; lo que provocó que mi jefe me llamara la atención.

Toda la mañana estuve de mal humor y con muchas ocupaciones, por lo que a la hora de comer salí precipitadamente. Al llegar al estacionamiento me percaté que el auto tenía una llanta baja. Me dispuse a cambiarla rápidamente, pero estaba tan apretada que el tiempo se me vino encima y me quedé sin comer. Por la tarde salí retrasado de la oficina y llegué tarde a la facultad.

Un maestro me preguntó la lección que había quedado pendiente, misma que no tuve oportunidad de estudiar; por lo que me llamó fuertemente la atención. Me sentí terriblemente avergonzado delante de mis compañeros. Al terminar las clases fui al auto y me percaté que le habían roto el parabrisas y ¡me habían robado el estéreo! Ya era muy noche y no vi por ninguna parte taxis o camión que me llevara al hogar.

Caminé varias cuadras y en un callejón tres tipos armados me quitaron mi dinero, un hermoso reloj de oro, mi chamarra y hasta el cinturón de piel que tanto me gustaba. Después de quitarme cuanto traía encima me dejaron seguir mi camino riéndose estruendosamente de mi cara malhumorada e impotente.

Caminé dos calles y poco a poco me llegó la idea de cobrarle al mundo tantos insultos a mi integridad y a mi persona. Me desquitaría con el primero que se me cruzara en mi camino, no tendría compasión de él, me burlaría hasta sentirme desahogado y le daría algunos golpes para así recuperar un poco mi tranquilidad.

Esperé un poco y vi que se acercaba un hombre semidesnudo; de inmediato resolví que él sería el blanco de mis ataques. Me aproximé para burlarme de él. Intenté reírme de sus pies descalzos pero los vi sangrantes y con la huella de haber sido traspasados con clavos. Después me fijé en sus rodillas y las vi golpeadas a causa de múltiples caídas.

Sentí coraje de no encontrar un motivo que inspirase mi risa burlona. Me reiría de su enmarañando cabello, pero lo vi mojado con la sangre que bajaba de su frente herida por una corona de espinas. Me mofaría de su delgado y débil cuerpo, pero una herida en su costado derecho producido por una lanza me hizo estremecer.

Intente reírme de sus manos que colgaban de sus brazos como si fueran un trapo viejo; pero al verlas más cerca las vi tan cansadas y heridas que contuve mi reír. Había decidido que ese hombre sería el blanco de mi ira y no estaba dispuesto a dejarlo marchar sin producirle daño. Mi acalorada mente buscaba la forma de desquitar mi rabia. ¡Decidí golpearlo!

Camine detrás de él y vi su espalda flagelada inmisericordiosamente. Corrí hasta colocarme delante de él; ¡lo golpearía en la cara! Extendí la mano para sujetarlo del hombro y golpearlo fuertemente, cuando me miro a los ojos…Era su mirada tan profunda que pude sentir como llegaba hasta lo más recóndito de mi alma. Posteriormente, con una inmensamente dulce voz me miró y dijo…GRACIAS POR VENIR EN MI AYUDA.